Wenn Jugendliche Bibel lesen

TVZ

Praktische Theologie im reformierten Kontext

herausgeben von Albrecht Grözinger, Stefan Huber, Gerrit Immink, Ralph Kunz, Andreas Marti, Christoph Morgenthaler, Félix Moser, Isabelle Noth, David Plüss und Thomas Schlag

Band 12 – 2015

Die Reihe «Praktische Theologie im reformierten Kontext» versammelt Arbeiten aus der praktisch-theologischen Forschung, die in der konfessionellen Kultur der Reformierten verankert sind. Der reformierte Kontext ist einerseits Gegenstand empirischer Wahrnehmung und kritischer Reflexion und andererseits das orientierende Erbe, aus dem Impulse für die zukünftige Gestaltung der religiösen Lebenspraxis gewonnen werden. Er bildet den Hintergrund der kirchlichen Handlungsfelder, prägt aber auch gesellschaftliche Dimensionen und individuelle Ausprägungen der Religionspraxis.

Nadja Troi-Boeck, Andreas Kessler, Isabelle Noth (Hg.)

Wenn Jugendliche Bibel lesen

Jugendtheologie und Bibeldidaktik

Theologischer Verlag Zürich

Bibliografische Informationen der Deutschen Nationalbibliothek
Die Deutsche Nationalbibliothek verzeichnet diese Publikation in der Deutschen Nationalbibliografie; detaillierte bibliografische Daten sind im Internet über http://dnb.d-nb.de abrufbar.

Umschlaggestaltung
Simone Ackermann, Zürich

Druck
ROSCH BUCH GmbH, Schesslitz

ISBN 978-3-290-17787-4

www.tvz-verlag.ch

Inhalt

Grusswort

Bildung als Be-Fähigung

Jugendliche als Interpretinnen und Interpreten der Bibel ernst nehmen. Eine Bibeldidaktik, die einen Perspektivenwechsel vollzieht hin zur Sichtweise der Jugendlichen. Die Intentionen des Sammelbandes *Wenn Jugendliche Bibel lesen* sind äusserst spannend, anregend und hoffentlich auch weiterführend. Deshalb beteiligen sich die Reformierten Kirchen Bern-Jura-Solothurn gerne daran. Und ich freue mich, als ihre Vertreterin ein paar grundsätzliche Gedanken zu Bildung und zum angestrebten Perspektivenwechsel mit Ihnen zu teilen. Ich stelle mein Grusswort unter ein Sprichwort aus Guinea:

> Wissen ist wie ein Garten.
> Ohne ständige Pflege gibt es keine Ernte.

Die Pflege des Gartens Bildung ist für uns im Bereich Katechetik Alltag und Herzensangelegenheit zugleich. Wir verstehen Bildung als Be-Fähigung. Insbesondere auch religiöse Bildung hat einen intrinsischen Wert. In der Ausbildung von Katechetinnen und Katecheten wollen wir jeweils einen Reifungsprozess in Gang setzen. Was daraus wird, liegt letztlich nicht in unserer Hand.

Um das biblische Bild aufzunehmen: Als Unterrichtende säen wir Senfkörner (Matthäus 13). Das Resultat – nach Matthäus die grossen Bäume, die daraus wachsen – sehen wir meist erst sehr viel später, wenn überhaupt. Das Gesäte wächst oft unbemerkt. Es gilt, in diesen Wachstumsprozess Vertrauen zu haben.

Bildung braucht Beziehung

Lernen bedingt in aller Regel ein Du. Im Dialog, in der Auseinandersetzung mit andern lernen wir. Wir klären unsere Position, vertiefen – oder verändern sie, weil uns unser Gegenüber neue Perspektiven eröffnet. Das wird möglich, wenn das Gespräch geprägt ist von gegenseitiger Wertschätzung. Ohne sie geht gar nichts. Nur in angstfreier Atmosphäre wird Bildung zur Stärkung, zur Be-Fähigung. Sie befähigt zu bewusstem Leben als reifende Persönlichkeit.

RefModula als neue Herausforderung

Lernprozesse sind aber nicht einfach Lernenden vorbehalten. Besser gesagt: Auch als Lehrende lernen wir. Im September 2013 hat mit RefModula sozusagen ein neues Zeitalter in der katechetischen Ausbildung der Reformierten Kirchen Bern-Jura-Solothurn begonnen. Wir haben die Ausbildung modularisiert und damit die aktuellen Bildungsstandards übernommen. Es gibt zudem Spezialitäten, die spezifisch sind für unsere Kirchen und die Dozierenden herausfordern: die theologischen Module sind berufsübergreifend konzipiert, auch Sozialdiakoninnen und Prädikanten studieren also hier.

Eine weitere Herausforderung ergibt sich speziell für die Religionspädagoginnen und Religionspädagogen im RefModula-Team: wir nutzten die Gelegenheit, unseren Planungsweg für die katechetische Arbeit, etwa die KUW, einer gründlichen Revision zu unterziehen und weitgehend neu zu formulieren. Wir haben Elementarisieren als Grundhaltung aller Unterrichtsplanung definiert. Diese Grundhaltung allerdings sagt noch nichts aus über die jeweils angewendeten Methoden und religionspädagogischen Modelle, die durchaus unterschiedlich und der jeweiligen Situation angepasst sein können und sollen. Elementarisieren bedeutet, die Lebenswelt der Kinder und Jugendlichen – und auch der Erwachsenen – und die Bibel gleichwertig ins Spiel, gleichwertig in einen Dialog zu bringen.

Und hier schlage ich nun den Bogen zum Sammelband: Es geht darum, Jugendliche als Subjekte wahrzunehmen – und nicht als Objekte unserer Bemühungen. Es geht darum, Jugendliche und die Bibel miteinander ins Gespräch zu bringen. Es geht darum, mit unseren Senfkörnern einen Reifungsprozess zu ermöglichen.

Ich wünsche Ihnen deshalb, dass Ihnen der vorliegende Sammelband neue Perspektiven eröffnet.

Pia Moser, Reformierte Kirchen Bern-Jura-Solothurn

Vorwort

Wenn sich alle Mühe geben …

Im Herbst 2002 sorgte ein Beitrag in der *Reformatio. Zeitschrift für Kultur, Politik und Religion* in kirchlich interessierten Kreisen für regen Gesprächsstoff. Brigitte Schnegg, die im März 2014 plötzlich verstorbene Direktorin des Interdisziplinären Zentrums für Geschlechterforschung der Universität Bern, hatte damals als Mutter zweier Jugendlicher einen persönlichen Erfahrungsbericht zur kirchlichen Unterweisung veröffentlicht mit dem Titel: «Alle geben sich Mühe. Kirchliche Unterweisung aus der Perspektive einer verwunderten Mutter.»[1] Sie reflektiert darin ihre eigene christliche Sozialisation, ihre Mitgliedschaft in der reformierten Landeskirche und ihre religiösen Gefühle, die sie durchaus als «diffus» bezeichnet. «Dennoch» – so fährt sie fort – «bin ich nicht aus der Kirche ausgetreten und denke auch nicht daran, es noch zu tun. Ich liebäugle nicht mit dem Buddhismus und habe kein Bedürfnis nach indianischer Spiritualität. Ich empfinde mich irgendwie als durch und durch protestantische Person und meine Anhänglichkeit an die christliche Kultur und Tradition ist merkwürdig stark.»[2] Dies zeigt sich nicht zuletzt auch darin, dass ihr die Kenntnis biblischer Geschichten wichtig ist.

Schnegg schildert weiter, wie sie ihre beiden Töchter für den Besuch des kirchlichen Unterrichts zu motivieren versucht:

> «Ich weiss, es ist nicht leicht. Ich weiss, es ist sogar schwer. Ich weiss, alle geben sich viel Mühe. Ich mir auch. Mit Engelszungen rede ich auf meine Töchter ein, dass sie guten Mutes und mit offenen Herzen zur KUW [sc. Kirchlichen Unterweisung; IN] gehen. […] Mit dem Mut der Verzweiflung kämpfe ich an (…) gegen das ‹Es ist so furchtbar langweilig!› Feurig versuche ich die Teenies von der Notwendigkeit zu überzeugen, unsere religiösen Traditionen kennenzulernen, weil sie doch dereinst nur in Kenntnis der Dinge wirklich autonom entscheiden könnten, was sie selbst wollen. […] Und wenn die beiden dann, meiner rhetorischen Übermacht weichend, nur noch leise murmeln: ‹Dann gehe ich halt, aber …›, dann bin ich froh und atme auf.»[3]

Das Aufatmen hält jedoch nicht lange an, denn abends erfährt sie von den Jugendlichen, wie es im Unterricht gelaufen ist. «Mit einer Mischung von Empörung und Resignation erzählt sie [sc. die ältere Tochter; IN], dass sie Bananen aus gelbem

1 Reformatio. Zeitschrift für Kultur, Politik und Religion 3, 2002, 178–182.

2 A.a.O., 178.

3 A.a.O., 179.

Papier ausgeschnitten und anschliessend ein Spiel gespielt hätten, bei dem immer nur der Gleiche alle Bananen gewonnen habe.»[4] Schneggs Schilderungen und Beobachtungen, ihre Analysen und ihre Hilflosigkeit sind auf ein grosses Echo gestossen. Sie scheint etwas zu Papier gebracht zu haben, das viele beschäftigt und mit dem sich viele identifizieren können. Den Gipfel ihrer zugleich präzisen wie humoristischen Analysen bildet folgender Abschnitt:

> «Es ist schwierig, ich weiss es. Und alle geben sich viel Mühe. Es wird versucht, den Kindern das Christentum emotional nahe zu bringen. Das rituelle Defizit des Protestantismus soll durch allerhand sinnliche Erfahrungen wettgemacht werden. Mit Ausflügen und gemeinsamen Mahlzeiten sollen Gefühle der Nähe und Verbundenheit geweckt werden. In Rollenspielen sollen die Kinder das Unrecht der Welt erfahren und spielerisch die richtige ethische Haltung entwickeln. Man will die Herzen der Kinder gewinnen. Unbedingt zu vermeiden sind: Vermittlung trockenen Wissens, Kopflastigkeit, Moral. Denn Kopflastigkeit und Mangel an spiritueller Sinnlichkeit sind ja bekanntlich die Geburtsfehler des Protestantismus. Und so wird um die Herzen der Kinder gebuhlt, und dabei geht vergessen, dass sie auch einen Kopf haben und überdies einen untrüglichen Instinkt für didaktische Absichten und verkrampften Moralismus.»[5]

Schnegg ist im Zwiespalt: Das Empfinden bzw. die ablehnende Reaktion ihrer beiden «Teenies» gegenüber der kirchlichen Unterweisung kann sie allzu gut nachvollziehen, während sie gleichzeitig deren religiöse Bildung aus innerer Überzeugung für nötig und wünschenswert hält. Doch genau letztere wurde Schneggs Ansicht nach vereinseitigt auf emotionales Lernen und Erfahrungsbildung. Erlebnisorientiert galt es Kindern und Jugendlichen das Christentum nahezubringen. Dass für eine schlichte gemeinsame Bibellektüre hier wenig Platz ist, liegt nahe.

Mit der Jugendtheologie und der sie fundierenden Einsicht, die Jugendzeit – analog zur Kindheit – als eine «Lebensphase von eigener Würde und eigenem Wert»[6] zu sehen, gerät wieder in den Blick, dass Jugendliche auch über «einen Kopf» verfügen und ein Anrecht auf eine umfassende religiöse Bildung und Auseinandersetzung haben. Die in letzter Zeit deutlich zu beobachtende religionspädagogische Tendenz zur Rückgewinnung der Schrift ist auch in diesem Zusammenhang zu sehen. Nun haben Jugendliche und Bibel eine grundlegende Gemeinsamkeit: Sie sind beide anspruchsvoll. Beide erfordern hohe hermeneutische Kompetenzen im Umgang. Dies gilt erst recht, wenn sie aufeinandertreffen. «Wenn Jugendliche Bibel lesen. Jugendtheologische Fundierung der Bibeldidaktik» lautete eine vom Bereich Religionspädagogik, Katechetik und Erwachsenenbildung der Abteilung Seelsorge, Religionspsychologie und Religionspädagogik am 10. März 2014 an der Univer-

4 Ebd.
5 A.a.O., 180.
6 Friedrich Schweitzer, Religionspädagogik, Gütersloh 2006, 230.

sität Bern durchgeführte Tagung, deren Beiträge hier gesammelt veröffentlicht werden. Ihr Ziel war es – so die Ausschreibung – «bibeldidaktische Ansätze der Gegenwart aus einer jugendtheologischen Perspektive zu betrachten und die Suche nach einer Bibeldidaktik, in der Jugendliche als theologisch selbständig und kreativ denkende Menschen in den Blick kommen, weiterzuführen.» Den inhaltlichen Hauptanstoss zum Tagungsthema gab Dr. Nadja Troi-Boeck, die mit einer neutestamentlichen Untersuchung promovierte und mit ihrem Habilitationsthema zur Bibelrezeption Jugendlicher den Faden der Jugendtheologie aufnimmt und für die Bibeldidaktik weiterdenkt.

Dr. Andreas Kessler, Dozent für Religionspädagogik, stand als ausgewiesener Fachdidaktiker mit Rat und Tat zur Seite. Von ihm stammt auch die Idee, Dr. Thomas Staubli, einen Bibelwissenschaftler mit einschlägiger, langjähriger Erfahrung im Unterrichten von Jugendlichen, um eine Replik auf die jugendtheologischen Überlegungen zur Bibel aus Perspektive der Bibelwissenschaft anzufragen.

Ihnen und allen Referent_innen sei nochmals herzlich gedankt für eine anregende und gelungene Tagung. Dass deren Resultate im Folgenden nun vorliegen, verdanken wir der stets erfreulichen Zusammenarbeit mit dem Theologischen Verlag Zürich.

Bern, im August 2014 Isabelle Noth

Brauchen Jugendliche die Bibel?

Jugendtheologie in bibeldidaktischer Perspektive

Thomas Schlag

1. Eine religionspädagogische Kurzcharakterisierung

Die Rede von einer Kinder- und Jugendtheologie sorgt für Aufmerksamkeit und löst im Einzelfall erhebliche Emotionen aus. Wohl kaum ein religionspädagogischer Ansatz hat in den vergangenen 15 Jahren für ähnliches Interesse und eine vergleichbare Forschungsdynamik gesorgt wie eben jener systematische Blick auf Kinder und Jugendliche als Ko-Konstrukteure der eigenen Weltsicht und kompetente Akteure religiöser Selbstdeutung. Offenbar wurde mit diesem Forschungsansatz ein wunder Punkt bisheriger religiöser Bildung aufgedeckt, ja vielleicht ja sogar ein blinder Fleck theologischer Theorie und kirchlicher Praxis überhaupt identifiziert.

Es scheint, so kann man etwa die Rückmeldungen von Lehrenden in Schule und Kirche verstehen, Sinn zu machen, nun nach einer intensiven Phase der Kindertheologie noch einmal ganz neu auf die Potenziale der jungen Generation zu blicken und damit inhaltlich klarer zu fassen, was es heisst, diese als Subjekt und konstitutive Grösse des pädagogischen Handelns zu begreifen[1]. Hier zeigt sich sowohl in wissenschaftlicher wie in ganz praktischer Perspektive: Jugendtheologie ist im wahrsten Sinn des Wortes für alle Akteurinnen und Akteure herausfordernd.

Aber was ist überhaupt gemeint, wenn wir von Jugendtheologie sprechen? Im Sinn einer Kurzcharakterisierung bezeichnet Jugendtheologie zuallererst eine Wahrnehmungsform, eine Haltung und ein theologisch qualifiziertes Gesprächsangebot in unterschiedlichen pädagogischen, sei es in schulischen, sei es in kirchlichen Zusammenhängen.

1 Vgl. Thomas Schlag/Friedrich Schweitzer, Brauchen Jugendliche Theologie? Jugendtheologie als Herausforderung und didaktische Perspektive, Neukirchen-Vluyn 2011; dies. u. a., Jugendtheologie. Grundlagen – Beispiele – kritische Diskussion, Neukirchen-Vluyn 2012; sowie die inzwischen drei erschienenen Jahrbücher für Jugendtheologie, Petra Freudenberger-Lötz/Friedhelm Kraft/Thomas Schlag (Hg.), «Wenn man daran noch so glauben kann, ist das gut». Grundlagen und Impulse für eine Jugendtheologie, Jahrbuch für Jugendtheologie 1, Stuttgart 2013; dies., «Der Urknall ist immerhin, würde ich sagen, auch nur eine Theorie». Schöpfung und Jugendtheologie, Jahrbuch für Jugendtheologie 2, Stuttgart 2013; Veit Jakobus Dieterich/Martin Rothgangel/Thomas Schlag (Hg.), «Dann müsste ja in uns allen ein Stück Paradies stecken». Anthropologie und Jugendtheologie, Jahrbuch für Jugendtheologie 3, Stuttgart 2014.

Dahinter steht ein bestimmtes Verständnis von Theologie – eben nicht zuerst als akademische Disziplin im engeren Sinn –, sondern als Modus einer kommunikativen Orientierungssuche, die sich an der Rede von Gott orientiert und die sich als ein wechselseitiges aufmerksames Sondierungs- und Entwicklungsgeschehen zwischen Jugendlichen und Erwachsenen abspielt und ausformt.

Dieses gemeinsam suchende Geschehen auf Augenhöhe lässt sich in drei unterschiedliche Entfaltungsweisen einer Theologie von Jugendlichen, mit Jugendlichen und für Jugendliche ausdifferenzieren, um so unterschiedliche, eng miteinander verkoppelte Wahrnehmungs- und Kommunikationsprozesse in möglichst angemessener Weise beschreiben und darstellen zu können: erstens die Reflexion und Artikulation von Jugendlichen im Sinn einer Theologie *von* Jugendlichen; zweitens der deutende Dialog *mit* Jugendlichen über deren Artikulationen und drittens das Einspielen von theologischen Deutungen als zusätzliche Deutungs- und Interpretationskomponente für diesen Dialog im Sinn einer Theologie *für* Jugendliche.

Im Hintergrund dieses jugendtheologischen Ansatzes steht – um es sehr kurz zu fassen – aber gleichsam noch ein sehr viel weiterer und komplexer und interdisziplinärer Horizont mit mindestens fünf verschiedenen Perspektiven: Jugendtheologie beinhaltet eine theologische, eine pädagogische, eine entwicklungspsychologische, eine anthropologische und schliesslich eine gesellschaftliche Perspektive.

Ohne diese fünf Perspektiven hier näher entfalten zu können, sei nur gesagt, dass jede in spezifischem Sinn die Freiheit und Mündigkeit des Subjekts zum Thema hat und macht bzw. von einer solchen elementaren Deutungskompetenz Jugendlicher ausgeht und diese weiter zu befördern intendiert.

Mit dem Begriff der Kinder- und Jugendtheologie soll übrigens nicht gemeint sein, dass das angesprochene dialogische Theologisieren etwa nur diesen Alterskohorten möglich wäre. Der Begriff zeigt vielmehr an, dass theologische Kommunikation überhaupt mit jeweils spezifischen eben auch altersbezogenen Wahrnehmungs-, Kommunikations- und Verstehensbedingungen rechnen muss und auch rechnen kann.

Zugleich ist diese Signatur aber durchaus nicht als eine Art theologischer Kolonialisierung gemeint, so als ob man gleichsam die fern gerückte Jugendgeneration nun zurück auf das Gleis theologischer Identifikation und Artikulation setzen wollte. Jugendliche Alltagskommunikation wird vielmehr als deren spezifische, eben alltägliche Ausdrucksform wahr- und ernst genommen. Nicht jedes Gespräch oder jeder Gedanke, nicht jede Antwort und nicht jede Frage sind automatisch als theologisch zu signieren. Für die drei Kommunikationsformen des *von*, *mit* und *für* gilt aber eben auch, dass im Geschehen selbst theologisch anschlussfähige Formen des gemeinsamen qualifizierten Gesprächs denkbar sind. Prinzipiell sollen alle Kommunikationsinhalte theologisch deutbar sein können.

Kurz gefasst: Jugendtheologie ist nicht in erster Linie Handwerkszeug für bessere Praxis, sondern eine Art neuer Sichtweise auf die Jugendlichen und eine Selbstverständigung über die bisherige und zukünftige Praxis.

Im Anschluss an diese grundsätzlichen Bestimmungen stellt sich die Frage, wie man sich eine jugendtheologische Fundierung der Bibeldidaktik vorstellen soll bzw. die Frage lautet ganz lapidar: Brauchen Jugendliche die Bibel?

2. Brauchen Jugendliche die Bibel?

Nun könnte man etwas spöttisch sagen: «Ist es noch nicht genug?» – Erst wird auf die Jugendlichen das Thema Theologie «losgelassen» und nun sollen sie auch noch für die Bibel wiedergewonnen werden! Ist Jugendtheologie also womöglich das Einfallstor für eine neue evangelische Unterweisung, eine Katechetik alten Stils? Soll die Bibel Instrument für missionarisch-biblizistische Wiedergewinnungsinitiativen werden?

Ich will im Folgenden einige Problemlagen und Herausforderungen für die bibeldidaktische Perspektive im Kontext der Jugendtheologie aufzeigen – weniger um damit schon zu sagen, wie man es nun macht, sondern was eigentlich zur Debatte steht und worauf es bibeldidaktisch zu achten gilt: Dafür beginne ich mit einer Skizze wesentlicher religionspädagogischer Problemlagen im Blick auf die Bibel.

Es sei hier die These gewagt, dass wir für die gegenwärtigen Verhältnisse – mindestens des mitteleuropäischen Christentums – von einer eklatanten Bibelvergessenheit auf allen Seiten bzw. unter allen Generationen auszugehen haben. Dies bildet sich keineswegs exklusiv, aber eben doch in besonders intensiver Weise in der Generation der Jugendlichen ab.

Die weitreichenden kulturellen Veränderungen von der Schriftlichkeit zur Bildlichkeit haben erhebliche Konsequenzen für das, was man *religious literacy* nennen kann, also die Kompetenz, sich mit der biblischen Textüberlieferung kognitiv und argumentativ auseinanderzusetzen.

Diese Problematik einer gleichsam gegenwartskulturell forcierten Schriftlichkeitsdistanz verstärkt sich innerhalb der adoleszenten Generation insofern, als externe Orientierungsinstanzen – und damit eben auch als autoritativ erscheinende Textbestände – ohnehin angesichts zunehmenden Autonomie- und Freiheitsbewusstseins schon grundsätzlich eine ambivalente Grösse darstellen.

Zudem führt die konzeptionelle Gegenwartsorientierung Jugendlicher dazu, dass schon allein der Hinweis auf ein altes Dokument mit Abwehr oder Distanzierung rechnen muss, da dieses Dokument – jedenfalls auf den ersten Blick – kaum oder gar nicht gegenwartskompatibel ist.

Dazu kommt weiter erschwerend, dass Sozialisationsphänomene, die über Jahrhunderte hinweg wenigstens eine Art Grundvertrauen mit biblischen Inhalten erzeugt haben, in der gegenwärtigen Gesellschaft weitgehend weggebrochen sind.

Jugendliche können – so zeigen es die entsprechenden Umfragen – in der Regel weder einzelne Verse, noch Personen noch Geschichten eindeutig biblisch verorten. Anspielungen, Metaphern oder Symbole, die auf biblischer Überlieferung beruhen, werden nur noch von einer Minderheit überhaupt identifiziert.

Schliesslich gehen gerade in der Frage religiöser Kommunikation und Textrezeption die Möglichkeiten junger Menschen je nach Bildungshintergrund extrem auseinander. Es ist vermutlich nicht übertrieben zu sagen, dass sich an der Frage biblischer Überlieferung der garstige Graben zwischen unterschiedlichen Bildungsmilieus und auch der Geschlechter auftut und die Beschäftigung mit der Bibel paradoxerweise sogar zur Verschärfung von ohnehin schon bestehenden Exklusionstendenzen führen kann.

Was helfen nun die anfänglich markierten jugendtheologischen Grundeinsichten angesichts dieser gegenwärtigen Bibelvergessenheit und Bibeldistanz?

Ich will an dieser Stelle noch einen Zwischenschritt einschieben, der mir entscheidend zu sein scheint, wenn von der Bibel als einem Medium religiöser Bildung die Rede sein soll:

2.1 Phänomene eines praktisch-theologischen «biblical turn»

Interessanterweise sind in jüngster Vergangenheit eine Reihe von bibeldidaktischen Grundlagenwerken erschienen – was schon für sich ein interessantes neues Phänomen darstellt. Man kann den Eindruck gewinnen, als ob mindestens in der Theoriedebatte intensiv mit dem Problem der Bibelvergessenheit gerungen wird.

Man könnte innerhalb der ganzen Praktischen Theologie vielleicht sogar von einer Art *biblical turn* – und das ist keinesfalls evangelikal gemeint – sprechen. Die Frage nach der Schrift und ein neuer hermeneutisch orientierter religionspädagogischer Rekurs auf die biblische Überlieferung sind jedenfalls gegenwärtig als stetig deutlichere Perspektiven innerhalb der Disziplin auszumachen.

Vor wenigen Jahren markierte Helmut Schwier diesen notwendigen und schon stattfindenden Aufmerksamkeitswechsel folgendermassen[2]: «Die in wissenschaftlicher Auseinandersetzung gebildete hermeneutische Kompetenz ist für Kirche, Schule und Öffentlichkeit notwendig, um die Bibel und ihre Botschaft zu verstehen, sie in säkularen, interreligiösen und ökumenischen Dialogen vertreten zu können und sie als Orientierung, Vergewisserung und Erneuerung mit Einzelnen, in Gruppen, Gemeinden und Kirchen privat und öffentlich zu kommunizieren»[3]. Und der Münsteraner Theologe Christian Grethlein stellte durch sein Forschungsprogramm

2 Helmut Schwier, Praktische Theologie und Bibel, in: Christian Grethlein/Helmut Schwier (Hg.), Praktische Theologie. Eine Theorie- und Problemgeschichte, Leipzig 2007, 237–287.

3 Helmut Schwier, Art. Bibel, in: Wilhelm Gräb/Birgit Weyel (Hg.), Handbuch Praktische Theologie, Gütersloh 2007, 214–226, 224.

unter dem Titel der «Kommunikation des Evangeliums» die biblische Überlieferung und deren Botschaft als entscheidende Bezugsgrösse für die Theoriebildung und Praxis heraus.[4]

Man kann also davon sprechen, dass es hier zu einer kommunikationstheoretisch neubelebten Orientierung an biblischer Überlieferung und damit zu einem wesentlichen Neuanstoss für eine biblisch-hermeneutische Debatte innerhalb der Praktischen Theologie kommt: Kurz gefasst scheint die Einsicht Platz zu greifen, dass ein Verstehen der biblischen Botschaft und der Austausch darüber ohne die erhebliche Beförderung hermeneutischer Kompetenz in Sachen gelebter Religion schlichtweg auf taube Ohren und blinde Augen stossen muss.

Im Bereich der Religionspädagogik stellt sich dies wie folgt dar – übrigens nachdem ja durch Ingo Baldermann[5] und Horst Klaus Berg[6] das Thema als solches im Lauf der vergangenen Jahre durchaus im Blick geblieben und somit niemals gänzlich verschwunden war – aber es musste für diese Einsicht offenbar erst wieder ein Neutestamentler[7] neu das werbende Wort ergreifen.

Das nun ganz aktuell von Mirjam und Ruben Zimmermann herausgegebene Handbuch der Bibeldidaktik spricht in differenzierter Weise von der Bibel 1. als Bildungsgegenstand, 2. als Lehrmedium sowie 3. als Katalysator umfassenden kognitiven, emotionalen und affirmativen Lernens im Bedingungsfeld von Subjekt, biblischem Gegenstand und Prozess. Dabei stehen Text, Rezipient und der Lernprozess selbst in denkbar engstem Verhältnis zueinander. Die Rede ist somit erstens von vielfältigen Sinnperspektiven eines Textes[8], zweitens von komplexen Wirklichkeitskonstruktionen der Rezipientinnen und Rezipienten und drittens von einer Vielfalt von Vermittlungs- und Rezeptionsperspektiven, woraus sich ein «facettenreiches Spiel an Sinnmöglichkeiten»[9] ergäbe.

Carsten Gennerich spricht jüngst gar von der Bibel als Medium der Identitätsbildung und betont für den jeweiligen Leser deren Pozential für individuelle Zielsetzungen, Selbstwert, Kontrolle und Kohärenz.[10] Die Bibel, so könnte man es sagen, kann und soll auch jungen Menschen zu denken und zu tun geben und sie zugleich inmitten ihres eigenen Lebens wirkmächtig orientieren.

4 Vgl. Christian Grethlein, Praktische Theologie, Berlin 2012.

5 Vgl. etwa Ingo Baldermann, Einführung in die biblische Didaktik, Darmstadt 1996.

6 Vgl. etwa Horst Klaus Berg, Grundriss der Bibeldidaktik. Konzepte, Modelle, Methoden, München 1993.

7 Vgl. Gerd Theissen, Zur Bibel motivieren. Aufgaben, Inhalte und Methoden einer offenen Bibeldidaktik, Gütersloh 2003.

8 Vgl. Mirjam Zimmermann/Ruben Zimmermann, Bibeldidaktik – eine Hinführung und Leseanleitung, in: dies. (Hg.), Handbuch der Bibeldidaktik, Tübingen 2013, 1–24, 9.

9 A.a.O., 10.

10 Vgl. Carsten Gennerich, Bibel als Medium der Identitätsbildung, ZPT 66, 2014, 35–45.

So scheint es also, als ob Ernst Langes einstmaliger homiletisch gemeinter Aufruf zur «Verständigung mit dem Hörer über die gegenwärtige Relevanz der christlichen Überlieferung»[11] gegenwärtig zu einer deutlich intensiveren Beschäftigung mit eben jener Überlieferung führen könnte – insofern macht die recht verstandene Rede vom *biblical turn* durchaus Sinn. Damit sind wir aber einstweilen nur einen Schritt weiter, denn als nächstes ist zu fragen:

2.2 *Wovon sprechen wir, wenn wir von der Bibel sprechen?*

Wer sich jugendtheologisch den bibeldidaktischen Herausforderungen annähert, muss tatsächlich zuerst fragen: Wovon sprechen wir, wenn wir von der Bibel sprechen? Sind damit einzelne biblische Geschichten gemeint, ist es das Buch, sind es einzelne Stellen, der Kerngehalt, sollte gar von einer Art Mitte der Schrift gesprochen werden?

Hier kommt nun für unsere Fragestellung, ob Jugendliche die Bibel brauchen, unweigerlich die protestantische Grundkategorie der Schriftgemässheit ins Spiel:[12] Diese, so die reformatorische Pointe, macht den individuellen Zugang zur Schrift zur unbedingten Voraussetzung aller Annäherung an die biblische Tradition. Nun darf nicht zu schnell gefragt werden, wie das gehen soll, denn dies ist ein zugestandenermassen mühevolles Geschäft. Wichtig ist hier vielmehr, diese reformatorische Grundposition überhaupt erst einmal so ernst wie nur möglich zu nehmen. Wie stellt sich nun das Verhältnis von protestantischem Schriftprinzip im Sinn der individuellen und freiheitlichen Auseinandersetzung und Bibeldidaktik dar?

Ich will diese Frage aufnehmen, indem ich nochmals eine weitere jugendtheologische Grundentscheidung aufgreife, von der bisher noch nicht die Rede war, die aber gerade bibeldidaktisch ausgesprochen produktiv sein kann. Gemeint ist die Verknüpfung des Elementarisierungsansatzes mit der jugendtheologischen Perspektive.[13]

3. Elementarisierung als reformatorisch-bibeldidaktisches Grundprinzip

Ausgangspunkt ist die Einsicht, dass es zur Annäherung an jegliche biblische Überlieferung differenzierter Perspektiven bedarf. Gerade weil die individuellen Verstehens- und Wahrnehmungsbedingungen höchst plural und komplex geworden sind, geht es darum, elementare Annäherungen zu identifizieren: Zu nennen sind hier

11 Vgl. Ernst Lange, Zur Theorie und Praxis der Predigtarbeit, Stuttgart 1968.

12 Dazu sehr wesentlich Jörg Lauster, Prinzip und Methode. Die Transformation des protestantischen Schriftprinzips durch die historische Kritik von Schleiermacher bis zur Gegenwart, Tübingen 2004.

13 So v. a. ausgeführt in Schlag/Schweitzer u. a., Jugendtheologie (Anm. 1), 13ff. und grundsätzlich bei Friedrich Schweitzer, Elementarisierung und Kompetenz. Wie Schülerinnen und Schüler von «gutem Religionsunterricht» profitieren, Neukirchen-Vluyn 2008.

fünf solche elementaren Annäherungen, in denen die subjektive Auslegungspraxis mit dem gegebenen Textbestand in ein Verhältnis zueinanderkommen kann:

Ausgegangen wird davon, dass der biblische Text 1. in elementarer Weise die *Wahrheitsfrage* aufwirft; sich 2. im jeweiligen Text elementare *Strukturen* von Antworten auf diese Wahrheitsfrage identifizieren lassen; sich diese 3. allerdings nur erschliesst, wenn die elementaren *Zugänge*, d. h. bestimmte altersspezifische Verstehensvoraussetzungen berücksichtigt werden. Damit sich diese Texte erschliessen, sind 4. elementare *Erfahrungen* ebenfalls mit zu integrieren, die etwa auf Seiten der Jugendlichen ganz konkrete eigene Lebenserfahrungen umfassen. Diese Dimensionen bedürfen schliesslich elementarer, d. h. sehr klarer *Lernformen*, da nur so die Komplexität der Überlieferung überhaupt bewältigbar wird.

Von diesen Dimensionen aus ist nun eine Anknüpfung an die jugendtheologische Perspektive möglich. Denn wie bereits angedeutet, lebt dieses Kommunikationsmodell in erheblicher Weise davon, diese elementaren Perspektiven von Wahrheit, Strukturen, Zugängen, Erfahrungen und Lernformen mit zu berücksichtigen. Anders gesagt: Der Elementarisierungsansatz stellt für eine jugendtheologisch ausgerichtete Kommunikation gleichsam eine Art pädagogisch-hermeneutisches Grundmodell des gemeinsamen Verstehens dar. Damit ist nun ein durchaus praktikables Grundmodell für eine jugendtheologische Annäherung an biblische Texte gegeben. Von diesen Erwägungen aus ist nun aber die weitere zentrale Frage zu stellen:

4. Was kann überhaupt die jugendtheologische Zielsetzung im Blick auf die Beschäftigung mit der Bibel sein?

Diese Frage ist keinesfalls belanglos. Denn letztlich müssen sich kirchlich und schulisch Verantwortliche tatsächlich immer fragen, wozu die Thematisierung der biblischen Überlieferung überhaupt dienen soll? Geschieht biblische Bildung um der Bibel, um der Kirche, um der Jugendlichen willen? Hier sei nicht zu rasch formuliert: «Alle drei sind wichtig!». In konkreten Lernprozessen macht es durchaus einen erheblichen Unterschied, von wo aus geplant und gedacht wird. Und insofern ist in aller Deutlichkeit jugendtheologisch zu fragen: Wer stellt und wer beantwortet eigentlich die Frage, was Jugendliche brauchen?

Ob Jugendliche die Bibel brauchen, können jedenfalls nur diese selbst für sich beantworten. Und dafür scheinen mir unter den genannten Elementarisierungsaspekten nun gerade die Perspektiven elementarer *Zugänge* und *Erfahrungen* zentral: Erst von dort aus eröffnen sich alle anderen Dimensionen. Kurz gesagt: Erst der elementare Zugang und die Erfahrung mit gelingender theologischer Kommunikation ermöglicht es überhaupt, dass sich ein bestimmter Zentralgehalt und Wahrheitskern des Evangeliums zu erschliessen vermag. Erst wenn Jugendliche der Schrift eine Bedeutung für die eigene Identitätsbildung beimessen können, macht die Rede von der Relevanz der Schrift überhaupt Sinn.[14] Überlieferungswürdig ist, was sich in seiner Orientierungskraft als orientierend erweist.

Launige Bibelübersetzungen[15] machen es jedenfalls gerade nicht. Es geht darum, dass in der Beschäftigung mit der Bibel ein Freiheitsgewinn erfahrbar bzw. die Überlieferung für Jugendliche als lebensdienlich erkennbar wird. Kommunikation des Evangeliums ist nur ertragreich, wenn sie Jugendlichen als plausibel erscheinen kann.

Zu dieser Erfahrungsperspektive gehört nun aber noch ein Weiteres: Jugendtheologie hat mit Vertrauen zu tun, das den Subjekten entgegengebracht und mit Zeit, die ihnen geschenkt wird. Es geht darum, ihnen dialogisch Vertrauen entgegenzubringen und ihnen Vertrauen zu vermitteln; es geht darum, ihnen Zeit zu geben und ihnen auch Zeit für eigene Artikulationen und Erfahrungen zu lassen.

Viele jugendliche Sozialisations- und Prägungsvorgänge, dies ist offenkundig, erfolgen in der Gegenwart durch enorm kurze und schnelle Taktungen. Somit sind es vor allem die Glaubwürdigkeit der Personen und jeweiligen Gruppe, denen es gelingt, dass in pädagogischen Prozessen punktuelle Begegnungen eine tatsächlich nachhaltig prägende Bedeutung gewinnen können. Und Nachhaltigkeit wird sich nur dann ergeben, wenn die Erfahrungskontexte, in denen die biblische Botschaft ins Spiel kommt, für Jugendliche als nachhaltig bedeutsam erlebt werden können. Erst von einem solchen qualifizierten Bildungsraum aus kann dann auch so etwas wie Zutrauen und Zumutung entstehen.

5. Fazit

Kirchliche Praxis als Kommunikationsgeschehen im Hinblick auf das Evangelium steht vor der Aufgabe, ihre Auslegungspraxis dadurch zu plausibilisieren, dass sich das Schrift-Verstehen auf Seiten des jeweiligen Subjekts selbst in seiner Lebensdienlichkeit erweist.

Die Frage der Schriftgemässheit kann dann im modernen Gewand nur lauten: Das Schriftgemässe erfährt seine Deutung am Mass des Menschengemässen. Dies bringt dann nicht weniger als die Notwendigkeit einer möglichst hohen Anschaulichkeit mit sich: Die Faszination biblischer Bilderwelten und die Plastizität des Personalen bedarf ganz neuer kreativer und narrativer Zugänge zum Tiefensinn der biblischen Botschaft.

Schriftgemässheit entfaltet sich folglich im wortwörtlichen Sinn durch die Wahrnehmung derjenigen Gesichtspunkte und Bedürfnisse, die vom Jugendlichen selbst erschlossen und entdeckt werden wollen:

In theologisch-hermeneutischer Hinsicht bringt ein solches Schrift-Verstehen die klare Absage an von aussen her gesetzte Eindeutigkeitszuschreibungen mit sich.

14 Vgl. dazu jetzt auch Gennerich, Bibel (Anm. 10), 35–45.

15 Vgl. Martin Dreyer, Die Volx-Bibel. Altes und Neues Testament, München/Witten 2012.

Text-Arbeit muss von der prinzipiellen Offenheit und Unabschliessbarkeit biblischer Überlieferung ausgehen.

In religionspädagogischer Hinsicht gilt, dass gerade unter Massgabe der Freiheit und Mündigkeit des Subjekts jede Form einer gar konversionsorientierten Überwältigungsdidaktik unbedingt zu vermeiden ist. Dies bedeutet, dass die kommunikative Verstehens-Arbeit mit biblischen Texten erheblich zu verstärken ist.

In professionstheoretischer Hinsicht gilt dann: Nicht zuletzt aus jugendtheologischen Gründen ist es höchste Zeit für den theologisch profilierten Deuter bzw. die theologisch profilierte Deuterin des religiösen Lebens in seiner ganzen Fülle. Gerade weil das Geschäft der Deutung biblischer Überlieferung schwerfällt, ist es so profiliert wie möglich zu betreiben, was dann auch bereits in der Ausbildung die entsprechenden Angebote erforderlich macht.[16]

Im Sinn einer gesellschaftssensiblen und gerechtigkeitsorientierten kirchlichen Bildungspraxis[17] ist auf der Grundlage der Bibel als geronnenem Text und als immer wieder neu zu interpretierendem Inhalt der produktive biblisch-ethische Diskurs mit Jugendlichen unbedingt zu befördern – und dies immer auch im Sinn des Widerspruchs gegen freiheitslimitierende Verhältnisse und Menschenbilder, um so die Lebensdienlichkeit der biblischen Botschaft so deutlich wie möglich öffentlich zu kommunizieren.

16 Vgl. Rita Burrichter/Bernhard Grümme/Hans Mendel/Manfred L. Pirner/Martin Rothgangel/Thomas Schlag, Professionell Religion unterrichten. Ein Arbeitsbuch, Stuttgart 2012.

17 Vgl. jüngst Bernhard Grümme, Bildungsgerechtigkeit. Eine religionspädagogische Herausforderung, Stuttgart 2014.

Empirische Zugänge: Lesen Jugendliche Bibel?

Vorüberlegungen zu einer empirischen Untersuchung der Bibelrezeption Jugendlicher[1]

Nadja Troi-Boeck

Einleitung

Letztens teilte ich meinen Konfirmandinnen und Konfirmanden Bibeln aus und sagte, sie sollen doch bitte Lukas 15,11–32, die Geschichte vom verlorenen Sohn, aufschlagen. Dieselbe Aufgabe stellte ich noch einmal in einer anderen Klasse. Beide Male mit dem gleichen Ergebnis: Es dauerte mehr als fünf Minuten, bis alle die Stelle gefunden hatten. Die Jugendlichen taten sich zudem schwer, sich Strategien zu überlegen, wie sie denn die Stelle finden könnten, zum Beispiel indem sie das Inhaltsverzeichnis aufschlagen.

Nun ist die Beobachtung nicht neu, dass Jugendliche, ausser sie sind freikirchlich sozialisiert, kaum mit der Bibel in Berührung kommen. Die Shell-Jugendstudie 2000 gibt an, dass 98 % der Jugendlichen selten oder nie Bibel lesen.[2] Der auch in Schweizer Studien zu Jugendlichen und ihrer Religiosität festgestellte Traditionsabbruch geht damit einher, dass die Bibel und biblische Geschichten nicht mehr bekannt sind.[3]

Im Unterricht bestätigte sich noch weiter, wie ungewohnt es für die Jugendlichen ist, die Bibel in die Hand zu nehmen: Eine Konfirmandin war ehrlich fasziniert von dem dicken Buch. Sie liess die Bibelseiten durch ihre Finger sausen und fasste immer wieder das Papier an, das bei Bibeln bekanntlich feiner und dünner ist als bei anderen Büchern, und sie sagte immer wieder: «Das ist ja total schönes Papier. (Da isch ja mega fiin, so schön.)»

Und nun reden wir also darüber, wenn Jugendliche Bibel lesen – was sie eigentlich nicht machen, und was teilweise mit starkem Widerstand einhergehen kann: Ein Konfirmand sagte mir einmal auf die Frage, was ihm am Konfunterricht gefallen habe: «Zum Glück war es nicht so viel mit Bibel.» Allerdings erlebe ich aktuell

1 Der Artikel ist eine geringfügig erweiterte Fassung meines Vortrags vom 10.3.2014 an der Tagung der Theologischen Fakultät Bern «Wenn Jugendliche Bibel lesen», der Vortragsstil wurde weitgehend beibehalten.

2 Werner Fuchs-Heinritz, Religion, in: Deutsche Shell (Hg.), Jugend 2000, Opladen 2000, 157–180, 167.

3 Vgl. Andreas Kessler, Empirische Befunde zu Jugend und Religion – ein Überblick, in: Sophia Bietenhard/Dominik Helbling/Konrad Schmid (Hg.), Studienbuch Fachdidaktik. Ethik-Religionen-Gemeinschaft mit Begleitmaterial für die Aus- und Weiterbildung, Zürich 2015 (in Redaktion), 1–8, 4.

in den jüngsten Konfirmationsjahrgängen weniger den Widerstand, als hauptsächlich ein Nicht-Wissen und Nicht-Kennen – was die positive Feststellung der Konfirmandin zur Haptik der Bibel zeigt – und damit einhergehend durchaus eine Offenheit gegenüber den unbekannten Texten.[4]

Wie kann ich diesen Erfahrungen, bzw. nicht vorhandenen Erfahrungen von Jugendlichen mit Bibel gerecht werden und dann empirisch darüber forschen, wie Jugendliche Bibel lesen oder hören? Was muss bei einer solchen Untersuchung bedacht werden – vor allem, wenn ich im Anschluss an die Jugendtheologie sogar davon ausgehe, dass Jugendliche auch Exeget_innen sein können? Im Folgenden stelle ich einige Vorüberlegungen dar. Ich denke, bereits diese Vorüberlegungen haben schon Relevanz für die religionspädagogische Praxis.

1. Hatten wir das nicht schon alles in der Kindertheologie?

Zuerst einmal möchte ich fragen, weshalb überhaupt eine Jugendtheologie gebraucht wird. Hatten wir das nicht schon alles in der Kindertheologie, die sich seit Ende der 90er-Jahre entwickelt? Tatsächlich haben Kinder- und Jugendtheologie ein gemeinsames Motiv: Kinder und Jugendliche sollen nicht als Objekte der Belehrung behandelt werden.

Aber, Jugendliche sind eben keine Kinder mehr. Sie haben entwicklungspsychologisch andere Fähigkeiten, neue Möglichkeiten des Denkens (Kohlberg/Gilligan).[5] Sie können abstrahieren und hypothetische Weltzugänge eruieren, während Kinder vor allem Anschauung und Anschaulichkeit brauchen.[6]

Diese neuen Möglichkeiten erleben wir im Unterricht: Bestehendes wird in Frage gestellt, manchmal auch respektlos. Es geht nicht mehr nur darum, was ist, sondern was sein könnte.[7] Und das wird von den Jugendlichen auf ihre Art, die für uns manchmal vielleicht irritierend ist, zum Ausdruck gebracht. Jugendliche haben ausserdem mehr Wissen als Kinder, die Erfahrungen sind andere, und andere Themen stehen im Vordergrund. Während für Kinder die Familie der Hauptbezugspunkt ist, tritt bei Jugendlichen die Peergroup immer stärker in den Vordergrund.[8]

Deswegen reicht es nicht, von einer Kindertheologie zu sprechen, sondern es sollen nun die Jugendlichen mit ihren Fähigkeiten und Voraussetzungen in den

4 So beschreibt es auch Sophia Bietenhard in ihrem Artikel am Ende dieses Buches in Bezug auf die Studierenden der Pädagogischen Hochschule, die sich gern auf «Altes» einlassen, weil es durch die Fremdheit neu erscheint, vgl. Bietenhard, Auf Erzählungen aus den Religionen zugehen, 102.

5 Vgl. Thomas Schlag/Friedrich Schweitzer, Brauchen Jugendliche Theologie? Jugendtheologie als Herausforderung und didaktische Perspektive, Neukirchen-Vluyn 2011, 29.

6 Vgl. ebd.

7 Vgl. ebd.

8 Vgl. a.a.O., 29, 31.

Blick rücken. Dabei ist es ein ungeklärter Streitpunkt, wie das Jugendalter zu definieren ist. Der Altersabschnitt wird immer wieder unterschiedlich festgelegt. Das schweizerische Bundesamt für Gesundheit (BAG) z. B. definiert Jugend als Altersgruppe der 15- bis 25-Jährigen, was der Festlegung der UNO von 2007 entspricht.[9] Die Shell-Studie spricht von 12- bis 25-Jährigen und die WHO von 10- bis 19- Jährigen,[10] wieder anders das Schweizerische Jugendstrafrecht, das sich auf Jugendliche zwischen 10 und 18 Jahren bezieht.[11]

In einem ist man sich grundsätzlich einig: Jugend als Lebensphase ist erst in den letzten 100 Jahren entstanden und ist somit historisch betrachtet ein Altersabschnitt, der verhältnismässig neu ist.[12]

Ein gängiges Deutungsmuster ist, das Jugendalter als eine Zeit der Häufung oder Verdichtung von Entwicklungsaufgaben zu verstehen. Es ist ein häufiges Referenzkonzept in nahezu sämtlichen entwicklungspsychologischen Lehrbüchern über das Jugendalter der späten Neunziger und frühen Nullerjahre.[13] Der Erziehungswissenschaftler Robert Havighurst definiert Entwicklungsaufgabe wie folgt:

> «Eine ‹Entwicklungsaufgabe› ist eine Aufgabe, die in oder zumindest ungefähr zu einem bestimmten Lebensabschnitt des Individuums entsteht, deren erfolgreiche Bewältigung zu dessen Glück und Erfolg bei späteren Aufgaben führt, während ein Misslingen zu Unglücklichsein, zu Missbilligung durch die Gesellschaft und zu Schwierigkeiten mit späteren Aufgaben führt.»[14]

Allerdings besteht bei diesem Verständnis des Jugendalters die Gefahr, dass es zu stark von dem abweicht, was Jugendliche selbst als ihre Aufgaben bzw. Ziele sehen: z. B. eine Lehrstelle finden, den Kontakt mit den Schulfreund_innen nicht verlieren oder die Aufmerksamkeit des Jungen oder Mädchens bekommen, fur die sie schwärmen usw. So sagt der Pädagoge Günter Bittner:

9 Vgl. Bundesamt für Gesundheit, Definitionen, http://www.bag.admin.ch/jugendprogramme/10038/10039/index.html?lang=de (Zugriff am 29.7.2014).

10 Vgl. World Health Organization, Adolescent health, http://www.who.int/topics/adolescent_health/en/ (Zugriff am 29.7.2014).

11 Vgl. Bundesgesetz über das Jugendstrafrecht Art. 3, http://www.admin.ch/opc/de/federal-gazette/2003/4445.pdf (Zugriff am 29.7.2014).

12 Vgl. z. B. Alexander Grob/Uta Jaschinsky, Erwachsen werden. Entwicklungspsychologie des Jugendalters, Weinheim 2003, 13.

13 Siehe Rolf Oerter (Hg.), Entwicklungspsychologie. Ein Lehrbuch, Weinheim 31995; Helmut Fend, Entwicklungspsychologie des Jugendalters. Ein Lehrbuch für pädagogische und psychologische Berufe, Opladen 2000; August Flammer/Françoise Alsaker, Entwicklungspsychologie der Adoleszenz. Die Erschliessung innerer und äusserer Welten im Jugendalter, Bern 2002; Grob/Jaschinsky, Erwachsen werden (Anm. 12); vgl. Rolf Göppel, Das Jugendalter. Entwicklungsaufgaben, Entwicklungskrisen, Bewältigungsformen, Stuttgart 2005, 71.

14 Robert James Havighurst, Research on the development task concept, The School Review. A Journal of Secondary Education 64, 1956, 215–223, 215.

> «Wird Entwicklung als eine Abfolge von Aufgaben und ihren Bewältigungen verstanden, so resultiert daraus eine problematische Pädagogisierung des Entwicklungskonzepts. Die Schullaufbahn wird sozusagen zum Modell des Lebens: eine Aufgabe folgt der anderen; wenn ich das Pensum einer Klasse ‹bewältigt› habe, kann ich in die nächste aufsteigen. Ob das Leben wirklich so läuft?»[15]

Deshalb ist es sinnvoller, von mehr oder weniger parallel laufenden bedeutsamen Entwicklungsthemen des Jugendalters zu sprechen. Themen, mit denen eine Auseinandersetzung im Jugendalter unausweichlich ansteht. Zu diesen Themen gehört auch die Sinnsuche, denn es hat sich gezeigt, dass in einer hochpluralisierten und fluiden Gesellschaft die Ressource «Sinn» eine wichtige Grundlage der Lebensführung ist.[16] Die Jugendtheologie setzt genau hier an, wo es um die Sinnsuche geht, wie sie Jugendliche selbst formulieren und reflektieren.

2. Jugendliche als Theolog_innen?

Wieso können wir aber von Jugendlichen als Theolog_innen sprechen? Dass nicht die wissenschaftliche Theologie gemeint sein kann, liegt auf der Hand. Schon in der Kindertheologie wurde die Erweiterung des Theologiebegriffs[17] über Theologie als Profession hinaus diskutiert und durchdacht. In der Kindertheologie wird Theologie als Reflexion religiöser Vorstellungen durch Kinder verstanden.[18] Sie wird als die allgemeine «‹Rede von Gott› unter den Bedingungen der menschlichen Wirklichkeit»[19] definiert.

Bei dieser Definition setzt auch die Jugendtheologie an, wenn sie von Jugendlichen als Theolog_innen spricht: Jugendliche reflektieren über ihren Glauben und ihre religiösen Vorstellungen.[20]

15 Günter Bittner, Der Erwachsene. Multiples Ich in multipler Welt, Stuttgart 2001, 46.

16 Vgl. Heiner Keupp, Von der (Un-)Möglichkeit, erwachsen zu werden. Identitätsarbeit in der pluralistischen Gesellschaft, in: Thomas Schlag/Rudi Neuberth/Ralph Kunz (Hg.) Konfirmandenarbeit in der pluralistischen Gesellschaft. Orientierungen, Deutungen, Perspektiven, Zürich 2009, 27–56, 42–45.

17 Vgl. Anton A. Bucher, Kindertheologie. Provokation? Romantizismus? Neues Paradigma?, in: Anton A. Bucher/Gerhard Büttner/Petra Freudenberger-Lötz/Martin Schreiner (Hg.), Mittendrin ist Gott. Kinder denken nach über Gott, Leben und Tod, Jahrbuch für Kindertheologie 1, Stuttgart 2002, 9–27, 9.

18 Vgl. Elisabeth Tveito Johnsen/Friedrich Schweitzer, Was ist kritische Kindertheologie? Vergleichende Perspektiven aus Norwegen und Deutschland, in: Anton A. Bucher/Gerhard Büttner/Petra Freudenberger-Lötz/Martin Schreiner (Hg.), «Gott gehört so ein bisschen zur Familie». Mit Kindern über Glück und Heil nachdenken, Jahrbuch für Kindertheologie 10, Stuttgart 2011, 25–36, 25.

19 Friedhelm Kraft/Martin Schreiner, Zehn Thesen zum didaktisch-methodischen Ansatz der Kindertheologie, Theo-Web. Zeitschrift für Religionspädagogik 6, 2007, 21–24, 21.

20 Vgl. Schlag/Schweitzer, Brauchen Jugendliche Theologie? (Anm. 5), 44.

3. Jugendtheologie – Von welcher Theologie reden wir?

Theologie ist sowohl in einem engen Sinne als Aufgabe der Fachpersonen im Sinne einer «denkende[n] Selbstvergewisserung im Dienste der professionellen Glaubenskommunikation»[21] zu verstehen, als auch in einem weiten Sinn: als das Denken über Glauben generell.[22] Wenn wir Religion nach dem Religionsbegriff von Tillich als das verstehen, was uns unbedingt angeht, dann ist Theologie das Reflektieren darüber, was uns unbedingt angeht.

Der systematische Theologe Eilert Herms sprach von Theologie im weiten Sinne als Moment des christlichen Lebens. Auch das weist darauf hin: Jugendtheologie ist ein Teil von Theologie, sowie auch die professionelle Theologie nur ein Teil ist.[23] Michael Meyer-Blanck sieht in diesem Theologieverständnis ein Verdienst der Jugendtheologie, denn dadurch werde mit dem Vorurteil aufgeräumt, dass die schwierigen theologischen Fragen nicht schülerorientiert seien und nur professionelle Theolog_innen etwas angingen.[24]

Jugendtheologie will Jugendliche als Theologinnen und Theologen wahrnehmen. Ihre Deutungsweisen werden als theologisch bezeichnet und anerkannt. Damit wird den Jugendlichen ein Verständnis von Mündigkeit zugesprochen, das ihre religiöse Sprach-, Kommunikations- und Reflexionsfähigkeit grundlegend mit einschliesst.[25]

Hier werden nun vielleicht alle in der Praxis tätigen Theolog_innen ein grosses *aber* einwenden und an ihre Konfirmandinnen und Konfirmanden denken. Wie geht denn diese religiöse Sprach-, Kommunikations- und Reflexionsfähigkeit mit der Feststellung einher, dass es nicht nur einen religionsbezogenen Traditionsabbruch bei den Jugendlichen gibt, der empirisch gut belegt ist,[26] sondern auch eine *religious illiteracy* zu beobachten ist: eine religionsbezogene Sprachlosigkeit.[27] Die Jugendlichen haben kaum Gelegenheit, und suchen sie auch selten, in der Familie oder in der Peergroup über religiöse Themen zu sprechen.[28]

Kann also von Jugendlichen als Theolog_innen gesprochen werden, wenn es scheinbar keine religiöse Sprachfähigkeit gibt, mit Ausnahme der hoch-religiös sozialisierten Jugendlichen?

21 Michael Meyer-Blanck, Umrisse einer Jugendtheologie. Vorüberlegungen zu einer didaktischen Dogmatik, in: Petra Freudenberger-Lötz/Friedhelm Kraft/Thomas Schlag (Hg.), «Wenn man daran noch so glauben kann, ist das gut». Grundlagen und Impulse für eine Jugendtheologie, Jahrbuch für Jugendtheologie 1, Stuttgart 2013, 24–34, 28.

22 Vgl. ebd.

23 Vgl. a.a.O., 29.

24 Vgl. ebd.

25 Vgl. Schlag/Schweitzer, Brauchen Jugendliche Theologie? (Anm. 5), 18.

26 Vgl. Kessler, Empirische Befunde (Anm. 3), 4.

27 Vgl. a.a.O., 5.

28 Vgl. ebd.

Es erscheint mir sinnvoll, dem Vorschlag von Heinz Streib zu folgen und den Religions- und Theologiebegriff noch etwas genauer zu thematisieren. Damit kann auch der Kritik begegnet werden, die Bernhard Dressler an der Jugendtheologie geäussert hat: dass vergessen worden sei, Theologie und Religion zu unterscheiden.[29]

Neben dem strukturellen und funktionalen Religionsbegriff, hat Joachim Matthes den diskursiven Religionsbegriff vorgeschlagen.[30] Religion wird als religiöser Aneignungs- und Gestaltungsprozess verstanden, also als hermeneutisch-diskursiver Prozess. Die Religiosität des Individuums entsteht erst in der Interaktion – mit Traditionen, Kontext, Umwelt, Erfahrungen etc. Diese Interaktion selbst ist also ein reflexiver Prozess. Er ist zwar bezogen auf «kulturelle Programmatiken»[31] – kann also nicht unabhängig von gesellschaftlichen konstruierten Normen, Werten etc. geschehen, ist aber prinzipiell ergebnisoffen und individuell.[32] Hierzu passen auch die aktuellen Ergebnisse zur Erforschung jugendlicher Religiosität, die zeigen, dass sich religiöse Sozialisation bei Jugendlichen häufig als Selbstsozialisation zeigt, weil sie kein Element kollektiver Tradierung mehr ist.[33]

Theologie ist in diesem diskursiven Modell dann als Reflexion zu verstehen. Der Prozess, durch den die eigene Religiosität entstanden ist, steht im Mittelpunkt dieser Reflexion.[34] Damit zeigt sich, dass die Grenzen zwischen religiösem Diskurs und theologischem Diskurs fliessend sind. Sie sind nicht mehr scharf trennbar. Wir können deshalb begründet die individuellen Lesarten und Sprachmöglichkeiten der Jugendlichen berücksichtigen[35] und auf die kleinen Erzählungen der Jugendlichen über Gott und die Welt fokussieren. Denn der Einwand der religiösen Sprachlosigkeit arbeitet zwangsweise mit einer grossen Erzählung im Hintergrund, die die Normen und Formen des Religiösen vorgibt, in diesem Fall die Erzählung der christlichen Religion. Stimmen wir aber mit der These des französischen Philosophen Lyotard überein, dass die grossen Erzählungen am Ende sind, dann bekommen die religiösen Narrative der Jugendlichen eine eigene Dignität.[36] Es geht um *ihre* narrativen Deutungen – denn Jugendlichen fällt es oft leichter in Geschichten darüber zu sprechen, was sie unbedingt angeht. In diesen Narrationen ist ihre implizite und

29 Vgl. Bernhard Dressler, Thomas Schlag u. Friedrich Schweitzer: Brauchen Jugendliche Theologie? Jugendtheologie als Herausforderung und didaktische Perspektive, ThLit 138/4, 2013, S. 509–511, 510.

30 Vgl. Joachim Matthes, Auf der Suche nach dem «Religiösen». Ein empirischer Zugang zu ihrer religionssoziologisch-theoretischen Definitionsproblematik, International Journal for Practical Theology 2, 1998, 52–64.

31 Heinz Streib, Jugendtheologie als narrativer Diskurs, in: Thomas Schlag/Friedrich Schweitzer (Hg.), Jugendtheologie. Grundlagen – Beispiele – kritische Diskussion, Neukirchen-Vluyn 2012, 155–161, 162.

32 Vgl. ebd.

33 Vgl. Kessler, Empirische Befunde (Anm. 3), 4.

34 Auch das Zustandekommen des religiösen Profils der eigenen religiösen Gemeinschaft gehört zu dieser Reflexion, vgl. Streib, Jugendtheologie (Anm. 31), 163.

35 Vgl. Schlag/Schweitzer, Brauchen Jugendliche Theologie? (Anm. 5), 18.

36 Vgl. Streib, Jugendtheologie (Anm. 31), 163.

explizite Theologie enthalten.[37] Hilfreich finde ich die Unterscheidung zwischen *impliziter Theologie* als Reflexion über die implizite Religion der Jugendlichen, *persönlicher Theologie*, *expliziter Theologie* als Reflexion der expliziten Religion Jugendlicher, *theologischer Deutung* mithilfe der theologischen Dogmatik und dem ausdrücklichen theologischen Argumentieren. Diese Unterteilung verstehe ich mit Streib als deskriptiv-heuristische Auflistung vorfindlicher Spielarten.[38] Eine Hierarchisierung lehne ich ab, allerdings ist tatsächlich davon auszugehen, so bestätigen es auch meine Unterrichtserfahrungen, dass Jugendliche vor allem implizit theologisch reden. Deshalb halte ich es für besonders wichtig, die Dignität der kleinen Narrationen zu betonen, denn die implizite Theologie wird damit zur eigentlichen Jugendtheologie.[39]

Auf diese Weise kann ein unabschliessbarer, kreativer jugendtheologischer Bildungsprozess[40] beginnen, der sich zum Ziel macht, die Jugendlichen zur Reflexion ihrer eigenen Religiosität zu befähigen. So kann die theologische Reflexionsfähigkeit zu Pluralitätsfähigkeit, Differenzkompetenz und Religionsmündigkeit beitragen.[41]

Diese Haltung gegenüber Jugendlichen und ihren Einstellungen ist eine zutiefst reformatorische: Vom Priestertum aller Gläubigen her, ist Theologie als partizipatorisches Geschehen zu verstehen.[42] Jugendtheologie ist somit eine Form von Laientheologie. Laientheologie ist dabei nicht als vereinfachte Theologie zu verstehen, die Laien zugänglich gemacht wird, sondern hält Lai_innen zu einem theologischen Urteilen fähig und ermutigt sie dazu.[43]

4. Jugendliche als Exeget_innen

Die diskutierten Anfragen an den Begriff der Jugendtheologie werden durch den Fokus auf die Bibelrezeption von Jugendlichen und die Sichtweise auf Jugendliche als Exeget_innen, noch verschärft. Denn wenn wir bei Jugendlichen als Theolog_innen schon einwenden, dass Jugendliche ja religiös illiterat sind – wie ist es

37 Vgl. ebd.

38 Vgl. a.a.O., 157.

39 Vgl. a.a.O., 159.

40 Vgl. a.a.O., 164.

41 Vgl. Thomas Schlag, Von welcher Theologie sprechen wir eigentlich, wenn wir von Jugendtheologie reden?, in: Petra Freudenberger-Lötz/Friedhelm Kraft/Thomas Schlag (Hg.), «Wenn man daran noch so glauben kann, ist das gut». Grundlagen und Impulse für eine Jugendtheologie, Jahrbuch für Jugendtheologie 1, Stuttgart 2013, 9–23, 19; Veit-Jakobus Dieterich, Theologisieren mit Jugendlichen als religionsdidaktisches Programm für die Sekundarstufe I und II, in: Petra Freudenberger-Lötz/Friedhelm Kraft/Thomas Schlag (Hg.), «Wenn man daran noch so glauben kann, ist das gut». Grundlagen und Impulse für eine Jugendtheologie, Jahrbuch für Jugendtheologie 1, Stuttgart 2013, 35–49, 36.

42 Vgl. Schlag, Von welcher Theologie (Anm. 41), 10.

43 Vgl. Schlag/Schweitzer, Brauchen Jugendliche Theologie (Anm. 5), 48.

dann mit Jugendlichen als Exeget_innen, da doch Jugendliche eigentlich nicht Bibel lesen, ausser wir können sie im Unterrichtssetting dazu überzeugen? Die Überlegungen zum Theologiebegriff helfen hier weiter. Deshalb war die Diskussion des Theologiebegriffs als Vorschritt notwendig.

Jugendliche als Exeget_innen, davon sprach Friedrich Schweitzer schon 1999.[44] Theologie, auch die beschriebene diskursive Theologie hat mit Schriftauslegung zu tun.[45] Die Auseinandersetzung mit den Fragen nach Gut und Böse, die Verantwortung des Menschen für sein Handeln vor Gott, die Frage nach einer letzten Gerechtigkeit, nach Lebens- und Familienformen, Kirche, Kultus[46] (oder wie Jugendliche es formulieren würden: Wieso ist das Leben manchmal so unfair? Was macht es für 'nen Sinn, dass ich keinen Job finde? Wieso gerade ich? Wieso lässt Gott das zu?) findet in einem christlichen Kontext durch das immer wieder neue Lesen und Auslegen der Bibel statt.[47]

Die Jugendtheologie geht aber davon aus, dass Jugendliche nicht nur an das Lesen und Auslegen herangeführt werden müssen, sondern eigene Kompetenzen haben, mit denen sie an die Auslegung herangehen. Für den Umgang mit der Bibel bietet der Ansatz der Rezeptionsästhetik Unterstützung. Er nimmt den Rezeptionsprozess eines Textes als kreative Handlung wahr.[48] Dadurch wird den Leser_innen des Textes zugesprochen, dass sie nicht nur Sinn aus einem Text herauslesen können, sondern selbst aktiv Sinn konstruieren.

Die Begegnung mit den Texten unterstützt die Reflexion der eigenen Religiosität, wenn der Rezeptionsprozess für die Jugendlichen als identitätsbildend erfahren werden kann.[49]

Aus dem Zusammenspiel von Text und Leserinnen bzw. Hörern kann sich dann ein theologisches Verständnis biblischer Texte ergeben.[50] Damit dies gelingt, sind wiederum wir als Expert_innen gefragt. Wir müssen den Rezeptionsprozess

44 Friedrich Schweitzer, Kinder und Jugendliche als Exegeten? Überlegungen zu einer entwicklungsorientierten Bibeldidaktik, in: Desmond Bell u. a. (Hg.), Menschen suchen – Zugänge finden. Auf dem Weg zu einem religionspädagogisch verantworteten Umgang mit der Bibel, Wuppertal 1999, 238–245.

45 Vgl. Meyer-Blanck, Umrisse (Anm. 21), 31.

46 Vgl. ebd.

47 Vgl. ebd.

48 Vgl. Silvia Arzt, Bibel lesen als Mädchen, als Junge. Gender und Textrezeption, in: Annebelle Pithan u. a. (Hg.), Gender – Bildung – Religion. Beiträge zu einer Religionspädagogik der Vielfalt, Gütersloh 2009, 262–272, 263.

49 Siehe dazu Carsten Gennerich, Bibel als Medium der Identitätsbildung, ZPT 66, 2014, 35–45.

50 Vgl. Marcell Sass, «Maria war die Frau von Jesus»? Chancen und Grenzen kindertheologischer Zugänge, in: Anton A. Bucher/Gerhard Büttner/Petra Freudenberger-Lötz/Martin Schreiner (Hg.), «Gott gehört so ein bisschen zur Familie». Mit Kindern über Glück und Heil nachdenken, Jahrbuch für Kindertheologie 10, Stuttgart 2011, 133–152, 147.

auf diese Weise ermöglichen und damit auch gewähren, dass nicht jede Interpretation einfach richtig ist, sondern dass es Textsignale gibt, die den Rezeptionsprozess steuern, und der Text einem bestimmten Kontext entstammt etc.[51] Theologie *für* Jugendliche[52] heisst hier, den Rezeptionsprozess auf diese Weise zu ermöglichen.

Jugendliche als Exeget_innen bedeutet also, einen narrativen Diskurs mit den biblischen Texten zu ermöglichen, der Jugendlichen hilft, ihre eigene Religiosität zu reflektieren und sie bei der Sinnsuche zu unterstützen. Sozusagen mithilfe von Texten (hier biblischen Geschichten) eigene Geschichten zu erzählen und individuelle Geschichten zu konstruieren. Das ist narrative Theologie als Textauslegung.

Im Konfirmationsunterricht haben wir als Pfarrer_innen und Katechet_innen unmittelbar Zugang zu Jugendlichen in diesem prägenden Altersabschnitt.[53] Ein grundlegender Versuch im Konfirmationsunterricht ist es, die «biblischen Geschichten in die Gedanken-, Lebens- und Problemwelt»[54] der Jugendlichen zu übertragen und so mit ihren Lebensfragen zu verknüpfen. Die Diskussion, wie die Bibel im Unterricht so verwendet werden kann, dass Jugendliche Zugang finden und eine Verknüpfung mit ihrem eigenen Leben machen können, ist bereits häufig geführt worden. Das Neue an einer jugendtheologisch ausgerichteten Bibeldidaktik ist nun, zuerst die Theologie der Jugendlichen wahrzunehmen und danach zu fragen: Welche impliziten theologischen Aussagen machen Jugendliche zu biblischen Texten, was sind ihre Deutungsstrukturen, ihre Kompetenzen im Umgang mit dem Text? Es soll also das eigenständige Nachdenken der Jugendlichen über Religion und Glauben im Zusammenhang mit den Texten eruiert werden.[55] Hier wird meine Studie ansetzen: Sie soll zunächst einmal wahrnehmen, wann Jugendliche sich überhaupt zu Religion und Glauben äussern, in welchen Kontexten? Welche Rolle spielt die Peergroup dabei, die in diesem Alter von grosser Wichtigkeit ist? Welche Widerstände zeigen sich bei den Jugendlichen in Bezug auf die Bibel? Und was von dem, was Jugendliche, vor allem implizit theologisch zu Bibeltexten äussern, ist theologisch anschlussfähig?

51 Siehe auch die Forderung von Rudolf Englert, dass Religionsunterricht so angelegt sein soll, dass der kontextuelle Charakter biblischer Texte für die Jugendlichen erschliessbar wird, vgl. Rudolf Englert, Religion gibt zu denken. Eine Religionsdidaktik in 19 Lehrstücken, München 2013, 35.

52 Ich folge der Unterteilung von Thomas Schlag und Friedrich Schweitzer in Theologie der, mit und für Jugendliche(n), vgl. Schlag/Schweitzer, Brauchen Jugendliche Theologie? (Anm. 5), 60f.

53 Ich beziehe mich auf den Schweizer Kontext, wo konfessioneller Religionsunterricht kaum noch an den Schulen stattfindet, mit Ausnahme weniger Kantone. Deshalb spreche ich hier nur vom Konfirmationsunterricht und nicht vom schulischen Religionsunterricht.

54 Klaus Wegenast/Philipp Wegenast, Biblische Geschichten dürfen auch «unrichtig» verstanden werden. Zum Erzählen und Verstehen neutestamentlicher Erzählungen, in: Desmond Bell u. a. (Hg.), Menschen suchen – Zugänge finden. Auf dem Weg zu einem religionspädagogisch verantworteten Umgang mit der Bibel, Wuppertal 1999, 246–263, 255.

55 Vgl. Dieterich, Theologisieren mit Jugendlichen (Anm. 41), 36.

In meiner eigenen Unterrichtspraxis erlebe ich oft, dass Jugendliche auf die Frage, ob sie an Gott glauben, mit Nein antworten, dann aber sagen, dass sie glauben, dass da etwas ist. «Da ist etwas» – das ist eine implizite theologische Äusserung. Die Jugendlichen sind durchaus fähig, das auch weiter auszuführen, und sie machen es auch. So erzählen sie zum Beispiel von Momenten, in denen sie das Gefühl hatten, beschützt zu werden etc. Es geht darum, diese Reflexionen der Jugendlichen aufzunehmen und einzubinden in die Arbeit mit Bibeltexten. Bibeltexte, die verschiedene Gottesbilder repräsentieren, bieten sich hier an. So können wir dann eine Bibeldidaktik für Jugendliche gestalten, die es ihnen ermöglicht, ihrem eigenen Gefühl, was Gott ist, weiter nachzugehen und ihnen so auch neue Artikulierungsmöglichkeiten an die Hand zu geben.

Diese Wahrnehmung der Äusserungen Jugendlicher verhilft uns zu einer jugendtheologischen Bibeldidaktik, welche die implizite Theologie der Jugendlichen aufnimmt, das aufgreift, was theologisch anschlussfähig ist und zwar so, dass die theologische Reflexionsfähigkeit der Jugendlichen gefördert wird. Ziel ist eine Bibeldidaktik, die Bibellesen als Medium der Identitätsbildung versteht und die Jugendlichen in ihrem Suchen nicht nur unterstützt, sondern die Jugendliche als eigene Akteure wahrnimmt, ihre Kompetenzen integriert und so zu einem Umgang mit Bibel findet, der den Jugendlichen ermöglicht, ihre persönliche Sinnsuche von sich aus an die Texte heranzutragen.

Um die Kompetenzen zu fördern, diese Fragen zu reflektieren, dazu brauchen die Schüler_innen uns als Expert_innen – nach meiner Erfahrung fordern sie uns auch als Expert_innen. Sie wollen nicht nur mehr erfahren, zum Beispiel über den sozialen Hintergrund der Entstehungszeit der Bibel, sondern gerade auch wie wir uns als Expert_innen zu den Texten verhalten.

Jugendliche sprechen oft nicht von allein über Theologisches,[56] so wie sie höchst selten allein zur Bibel greifen würden. Es geht in der Jugendtheologie deshalb auch nicht darum anzunehmen, dass Jugendliche alles und immer theologisch reflektieren. Es braucht dafür oft einen Katalysator. Der Religionsunterricht, sowohl der kirchliche als auch der schulische, bietet diese Chance, als Katalysator zu dienen und Jugendliche über ihre Religiosität reflektieren zu lassen. Als Lehrpersonen können wir den Schüler_innen Mittel an die Hand geben, diese Reflexion zu fördern, ohne dass wir vorher ihre religiöse Sprachfähigkeit infrage stellen oder erst einmal herstellen müssen. So können die Jugendlichen es als eine Kompetenz erleben, dass Wirklichkeitsdeutung auch religiös geschehen kann. Und das gehört

56 Wolfgang Ilg, Ich nehm' dich ernst, ich stell' dir Fragen. Jugendarbeit als jugendtheologischer Experimentierraum, in: Thomas Schlag/Friedrich Schweitzer (Hg.), Jugendtheologie. Grundlagen – Beispiele – kritische Diskussion, Neukirchen-Vluyn 2012, 90–101, 96f.

laut der PISA-Studie zu den von Schüler_innen geforderten Kompetenzen:[57] Sie sollen eine Vorstellung davon haben, was ein konstitutiver Weltzugang ist, der darauf abzielt, der Welt einen Sinn zu geben bzw. einen Sinn in ihr entdecken zu können. Und diesen konstitutiven Weltzugang können wir durch eine jugendtheologische Bibeldidaktik reflektieren und fördern.

57 Vgl. Jürgen Baumert u. a. (Hg.), PISA 2000. Die Länder der Bundesrepublik Deutschland im Vergleich, Opladen 2001, 21. Siehe dazu auch Mirjam Schambeck, Warum Bildung Religion braucht ... Religionspädagogische Einmischungen in bildungspolitisch sensiblen Zeiten, Theo-Web. Zeitschrift für Religionspädagogik 9, 2010, 249–263, 254f.; Rudolf Englert, Religion gibt zu denken (Anm. 51), 156–158.

Verschiebungen

Auf der Suche nach einem Ort, die Bibel ins Spiel zu bringen[1]

Andreas Kessler

Die Suche nach einem Ort, die Bibel mit Jugendlichen ins Spiel zu bringen, suggeriert, dass es einen solchen klar zu bestimmenden Ort gibt. Demgegenüber gilt es, die Erwartungen klein zu halten, mehr als ungefähre Koordinaten können hier nicht angegeben werden. Auch wird im Titel dieses Beitrags supponiert, die Bibel überhaupt mit Jugendlichen ins Spiel bringen zu *müssen*. In Bibeldidaktiken wird ja gerne das berühmte Lessing'sche Bild vom «garstigen, breiten Graben» aufgenommen, der uns und insbesondere die Jugendlichen zwischen der biblischen und der aktuellen Lebenswelt trenne. Das Grabenbild legt – wenn auch wohl gegen Lessing – die Möglichkeit der Konstruktion einer phänomenalen Brücke nahe, und tatsächlich wurden und werden eine Vielzahl von modernen Bibeldidaktiken explizit als solche Brücken im Sinne etwa des didaktischen Dreiecks gebaut, seien diese Brücken nun einfach oder vielgestaltig (auch als Flugzeuge, Lianen oder Flosse).[2] M.a.W. wird hier die formale Autorität der Bibel vorausgesetzt und es wird nahegelegt, dass ein wie auch immer gearteter Transport stattfinden müsse. Diese Voraussetzung wird im Folgenden nicht vorbehaltlos geteilt, sondern ist erst noch zu überprüfen.

Wenn ich an Jugendliche denke und ein religionspädagogisches Setting anvisiere, dann gehe ich nicht von einem z. B. deutschen schulischen Religionsunterricht aus, sondern dem Konfirmandenunterricht mit 15–16-Jährigen in Kantonen wie Bern und Zürich, in denen der gesamte kirchliche Unterricht bzw. die religiöse Bildung nicht (mehr) an der Schule, sondern in der Gemeinde kirchlich verantwortet wird. Zudem habe ich den reformierten Durchschnittsjugendlichen im Blick,[3] den es als solchen natürlich nicht gibt.

Die Suche nach dem Ort, die Bibel mit Jugendlichen ins Spiel zu bringen, soll in drei Schritten erfolgen, wobei ich der Struktur der Jugendtheologie folge: Zunächst soll der Blick *von* Jugendlichen auf die Bibel erhoben werden, dann stellt sich die

1 Für den Beitrag wurde der Vortragsstil weitgehend beibehalten.

2 Vgl. z. B. zuletzt Mirjam Zimmermann/Ruben Zimmermann, Bibeldidaktik – eine Hinführung und Leseanleitung, in: dies. (Hg.), Handbuch Bibeldidaktik, Tübingen 2013, 1–21 (inklusive der beiden Abbildungen des bibeldidaktischen Dreiecks S. 7 u. 9 mit ihren Metaphern von Flugzeug, Liane und Floss).

3 So wie sich dieser durchschnittliche, reformierte Jugendliche auf der Basis der empirischen Befunde fassen lässt, vgl. Christoph Käppler/Christoph Morgenthaler, Werteorientierung, Religiosität, Identität und die psychische Gesundheit Jugendlicher, Stuttgart 2012, v. a. 64–68.

Frage der Bibel *für* die Jugendlichen, und als dritten Aspekt werde ich die didaktisch biblische Arbeit *mit* Jugendlichen diskutieren.

1. Verschiebungen – der Blick *von* Jugendlichen auf die Bibel

Wenn ich als Gymnasiallehrer jeweils Texte mit meinen Schülerinnen und Schülern las, zeigte sich über die Jahre ein einheitliches Reaktionsmuster. Ich sagte (die Reden Buddhas verteilend): «Wir lesen eine Rede Buddhas aus dem Pali-Kanon.» Neugierige Stille, das ausgeteilte Buch wurde in die Hand genommen und darin geblättert. Oder (den Koran verteilend): «Wir wollen jetzt mal schauen, wie im Koran über Jesus gesprochen wird.» Auch hier: interessierte Stille, Griff zum Buch, selbstständiges Durchblättern. Jedoch wurde meine Ankündigung, wir wollen nun z. B. dem Exodus-Gedanken in der Bibel nachgehen, zuerst mit einem leichten bis mittelstarken Raunen und Stöhnen quittiert, und die ausgeteilten Bibeln blieben unangetastet auf den Pulten liegen, bis sie wohl oder übel für die Arbeit geöffnet werden mussten. M.a.W. war allein das Ankünden und Verteilen der Bibel stets von einem offensichtlich tief sitzenden Widerstand seitens der Lernenden begleitet, obwohl diese intuitive Ablehnung wohl weder auf Wissen über die Bibel noch auf Erfahrungen mit der Bibel und ihren Texten beruhte. D. h. die Jugendlichen referieren auf die Bibel als etwas unspezifisch Unangenehmes, ohne diesen Referenten selber näher zu kennen. Diese eher atmosphärische, persönliche – offensichtlich aber nicht singuläre – Beobachtung gilt es verstehend einzuholen. Im Folgenden werden daher sechs sogenannte «Verschiebungen» diagnostiziert, die ihrerseits meistens an Zitaten von Schweizer Jugendlichen illustriert werden.[4] Verschiebungen deshalb, weil die Jugendlichen selbst sich in ihren Aussagen verschiebend absetzen von einem gewissen Verständnis von Bibel, von dem sie ausgehen, dass es leitend sei, es für sie aber nicht (mehr) ist. Die zu nennenden Verschiebungen sind grundsätzlich bekannt, doch gilt es, sie kompakt als Ausgangslage vor Augen zu führen, um die Bibel mit Jugendlichen ins Spiel zu bringen.

4 Diese stammen einerseits aus dem Porträt-Band Oliver Demont/Dominik Schenker (Hg.), Ansichten vom Göttlichen. 22 Jugendliche, Zürich 2009; und andererseits aus Porträts, die Studierende bei mir analog mit Hilfe des Fragebogens von Demont/Schenker mit Jugendlichen erstellt haben.

1.1 Von der Tradition zum Traditionsabbruch

Das Tradieren von biblischen Inhalten und Motiven an Jugendliche ist keine Selbstverständlichkeit, im Gegenteil, man spricht zu Recht von einem nicht wegzudiskutierenden Traditionsabbruch[5], der für die Schweizer Jugendlichen wohl noch stärker zu veranschlagen ist als dies für Deutschland oder Österreich gilt.[6] Zu konstatieren sei das fehlende Wissen und die mangelnde Vertrautheit mit der Bibel (98 % der Jugendlichen lesen selten bis nie in der Bibel)[7], ein «galoppierendes Desinteresse»[8] an der Bibel (so meinen etwa nur 2–4 % der SuS, die Bibel sei ein Buch für junge, fröhliche und zufriedene Menschen)[9] und damit einhergehend Erfahrungsverlust in Form von Relevanz-, Evidenz- und Effektivitätsverlust biblischer Tradition.[10] Dass Christentum und Bibel von den Jugendlichen selbst als einer alten Tradition zugehörig erlebt werden, zeigt sich z. B. darin, dass viele junge Menschen eigentliche religiöse Tradierung nicht mehr von den Eltern her erleben, sondern – wenn überhaupt – von den Grosseltern, leider auch nicht unbedingt vom Religionsunterricht:

> «Meine Eltern brachten mir Manieren am Tisch bei, aber Religion als solche war nie ein Thema. […] Anders war es, wenn ich bei meiner Grossmutter übernachtete: Am Abend vor dem Einschlafen beteten wir immer gemeinsam. Sie glaubt daran, und ich auf eine Art und Weise auch. […] In den Religionsunterricht ging ich auch. Der hat mir aber nicht viel gebracht. Wir mussten aus Karton so eine idiotische Lehmhütte nachbauen, in der Jesus gelebt haben soll. Das waren für mich verlorene Stunden.» (Kim 17, reformiert)[11]

Bei aller Klage über diesen Traditionsverlust darf nicht unerwähnt bleiben, dass die Mehrheit der Jugendlichen mit diesem Verlust offensichtlich recht gut leben kann, die empirischen Studien sprechen von einer allgemein zufriedenen Jugend

5 Vgl. zu Beginn der 90er-Jahre im letzten Jahrhundert von Michael Brück/Jürgen Werbick, Traditionsabbruch – Ende des Christentums?, Würzburg 1994; Traditionswandel und Traditionsabbruch seit 1945 im Bereich der Religion wurde unlängst für Deutschland akkurat beschrieben von Thomas Grossbölting, Der verlorene Himmel. Glaube in Deutschland seit 1945, Göttingen 2013.

6 Vgl. Christoph Morgenthaler/Christoph Käppler, Wertorientierungen und Religiosität. Ihre Bedeutung für die Identitätsentwicklung und psychische Gesundheit Adoleszenter, http://www.nfp58.ch/files/downloads/Schlussbericht_Morgenthaler_Kaeppler.pdf, 14 (Zugriff am 1.4.2014).

7 Vgl. Werner Fuchs-Heinritz, Religion, in: Deutsche Shell (Hg.), Jugend 2000, Bd. 1, Opladen 2000, 167.

8 Iris Bosold, Zugänge zur Bibel für Schülerinnen und Schüler der Sekundarstufe I, in: Mirjam Zimmermann/Ruben Zimmermann (Hg.), Handbuch Bibeldidaktik, Tübingen 2013, 629–633, 631 (vgl. Anm. 2).

9 Vgl. Martin Bröking-Bortfeldt, Schüler und die Bibel, Aachen 1984, 125.

10 Vgl. Horst Klaus Berg, Ein Wort wie Feuer. Wege lebendiger Bibelauslegung, München/Stuttgart 1991, 16–18. Oft unklar bleibt bei solchen Verlustanzeigen, auf welche Zeit(en) sie sich beziehen, in denen die Bibel für die Menschen lebensstiftende Relevanz genoss; geht es hier nicht um eine kurze, weltgeschichtlich singuläre Zeitspanne in der Erinnerung von deutschsprachigen Religionspädagog_innen: die Nachkriegszeit (50er 60er-Jahre)?

11 Demont/Schenker, Ansichten (Anm. 4), 74.

(Shell 2010) – im Gegensatz zum Hang der Problematisierung des Jugendalters bei einigen Religionspädagog_innen.[12]

1.2 Von der Heteronomie zur Autonomie

Wenn Jugendliche auf die Bibel zu sprechen kommen, zeigen sich für sie folgende Probleme:[13]

> «Ich lebe vielleicht schon nach gewissen Weisheiten, die in der Bibel stehen, aber ehrlich gesagt, bin ich nicht mit allem, was die katholische Kirche sagt, einer Meinung.» (Chiara, 17, katholisch)[14]

Oder Kim:

> «Aber nicht so der strenge Gottesdienst aus der Bibel, sondern verbunden mit Spass, einfach einen Sonntagnachmittag miteinander zu verbringen. Nicht stur nach der Bibel den Leuten sagen, was sie glauben sollen, sondern selber darüber nachdenken.» (Kim, 17, reformiert)[15]

In diesen beiden Zitaten zeigt sich zuerst, dass Bibel gleichgesetzt wird mit der Institution (katholische Kirche) bzw. mit einer institutionellen Praxis (reformierter Gottesdienst). Das heisst in beiden Beispielen auch, dass die Bibel als ein Medium der (religiösen, moralischen und liturgischen) Heteronomie verstanden wird, wobei diese Fremdbestimmung bei Kim inhaltlich als «streng», «stur» und ohne «Spass» imaginiert wird. Dagegen wird die eigene «Meinung» (Chiara) bzw. das «selber Nachdenken» (Kim) stark gemacht, eben die Autonomie. Damit bestätigen die beiden Jugendlichen die Erkenntnisse breiter empirischer Literatur, die auch bzw. gerade im Bereich des Religiösen die Autonomie als die für die Jugendlichen zentrale Handlungs- und Deutungskategorie festmachen.[16] Die Bibel scheint aus der Perspektive der Jugendlichen diese Selbstbestimmung beschneiden zu wollen.

12 Vgl. die kritische Relecture der Bibeldidaktiken von Berg und Baldermann bei Burkard Porzelt, Grundlinien biblischer Didaktik, Bad Heilbrunn 2012, 47–54.

13 Die in der Folge zitierten Aussagen Jugendlicher zur Bibel antworten nicht auf eine Frage zum Status der Bibel, sondern die Jugendlichen kommen hier von sich aus auf dieses Buch zu sprechen.

14 Chiara: Zitat aus eigener Porträt-Sammlung.

15 Kim: Demont/Schenker, Ansichten (Anm. 4), 76.

16 Vgl. z. B. die breite Bestätigung von Stufe 3 (absolute Autonomie) in Fritz Osers Stufen der religiösen Entwicklung (ohne dem strukturgenetischen Ansatz folgen zu müssen), vgl. Fritz Oser/Paul Gmünder, Der Mensch. Stufen seiner religiösen Entwicklung, [4]1996, z. B. 181; oder die Ablehnung explizit-christlicher Inhalte in den Weltbildern Jugendlicher bei gleichzeitiger starker Betonung der Autonomie in ihren Wertkonzepten, vgl. Hans-Georg Ziebertz/Ulrich Riegel, Letzte Sicherheiten. Eine empirische Untersuchung zu Weltbildern Jugendlicher, Freiburg 2008.

1.3 Vom altehrwürdigen zum veralteten Buch

Die heteronom in das Leben der Jugendlichen eingreifen wollende Bibel hat zumindest aus der Sicht Nandos ein weiteres Problem:

> «Auch die Bibel stelle ich halt in Frage. Wie soll mir ein Buch im Leben helfen, das vor über 2000 Jahren geschrieben wurde? Ein solches Buch soll mir den Weg weisen? Das sehe ich nicht ein.» (Nando, 18)[17]

Wiederum wird die Bibel als ein Buch verstanden, das den Jugendlichen heteronom in Anspruch nehmen will: «im Leben helfen», «den Weg weisen». Die Bibel als heteronome Lebensratgeberin ist aber schlicht und einfach zu alt, sie ist zu einer so anderen Zeit geschrieben worden, die mitnichten mit der heutigen Zeit in bedeutsamer Weise in Verbindung gebracht werden kann. Woran Nando genau denkt, wissen wir nicht, vielleicht denkt er auch an nichts Konkretes, aber seine Aussage äussert ein Unbehagen, das seit Bultmanns viel zitiertem Ausspruch über die Inkongruenz vom modernen und neutestamentlichen Weltbild[18] als permanente, unerledigte Anfrage (nicht nur) die Bibeldidaktik begleitet. Während Bultmann mit seiner existenzialen Interpretation des Mythos einen Weg mit diesem alten Buch gefunden hatte, ist für Nando die Bibel als heteronome Autorität allein wegen ihres Alters erledigt.

1.4 Vom Zeugnis zur Falschaussage

Das Autoritätsproblem der Bibel stellt sich für die Jugendlichen vor allem noch mit Blick auf die sogenannte «Wahrheit» der Bibel, die sie als Problem von Tatsächlichkeit formulieren bzw. im Rahmen eines faktenorientierten, naturwissenschaftlichen Weltbildes verorten. Ursin z. B. entwickelt seine eigene, pragmatische Theorie:

> «Es gibt Sachen in der Bibel, die haben stattgefunden, andere sind übertrieben dargestellt. An Moses, der das Meer teilen konnte, glaube ich nicht.» (Ursin, 17)[19]

Sandrine gerät in grössere Schwierigkeiten:

17 Nando: Zitat aus eigener Porträt-Sammlung.

18 Rudolf Bultmann, Neues Testament und Mythologie, München 21985 (Nachdr. d. 1941 erschienen Fassung), 16: «Man kann nicht elektrisches Licht und Radioapparat benutzen, in Krankheitsfällen moderne medizinische und klinische Mittel in Anspruch nehmen und gleichzeitig an die Geister- und Wunderwelt des Neuen Testaments glauben. Und wer meint, es für seine Person tun zu können, muss sich klar machen, dass er, wenn er das für die Haltung christlichen Glaubens erklärt, damit die christliche Verkündigung in der Gegenwart unverständlich und unmöglich macht.»

19 Ursin: Demont/Schenker, Ansichten (Anm. 4), 51.

> «Aber wenn man wirklich an die ganze Geschichte vom Anfang, von Adam und Eva, glaubt, man fest gläubig ist, versteht man es einfach nicht. In der ganzen Bibelgeschichte hat es nicht ein einziges Mal einen Dinosaurier.» (Sandrine, 15)[20]

Ebenso in gewisser Bedrängnis scheint Lars zu sein:

> «Und wenn da etwas Erfundenes drinsteht, stellt sich ja die ganze Bibel infrage.» (Lars, 15)[21]

Drei Aussagen, welche die Schwierigkeiten von Jugendlichen mit der Bibel als einer Sammlung supponierter Tatsachenberichte unterschiedlich variieren: Die Bibel als unsichere Kantonistin, als unwissenschaftliche Berichterstatterin, als erledigte Referentin aufgrund ihrer Erfindungen.

1.5 Von der Wahrheitsautorität zum Bewährungsangebot

Das heisst auch, die Bibel als Bibel hat keine Autorität für die Jugendlichen bzw. in den Worten von Martina:

> «Nur weil etwas in der Bibel steht, hat es für mich noch keine Bedeutung.» (Martina, 16)[22]

Auch hier wieder: Was für ihr Leben Bedeutung hat, das entscheiden die Jugendlichen selbst, jegliche Autorität und Heteronomie hat sich vor der Autonomie der Jugendlichen zuerst einmal zu bewähren. Martinas Aussage kann gleichsam als eine Kurzfassung von Falk Wagners Radikalkritik am protestantischen Schriftprinzip gelesen werden, der ja bekanntlich in der durch Aufklärung und Historismus angestossenen Durchsetzung der Autonomie gegen die Heteronomie auch das Ende des traditionellen Schriftprinzips verortet hatte: «Die selbständig denkende und selbsttätig handelnde Vernunft entlastet sich vom Druck der positiven Schriftautorität dadurch, dass sie die Bibel der Vergangenheit ihrer Entstehung zurückgibt.»[23] Martina selbst ist nicht so radikal, aber in ihrer Aussage «*Nur weil etwas in der Bibel steht, hat es für mich noch keine Bedeutung.*» liegt verdichtet eine spätestens seit der Aufklärung wahrzunehmende Verschiebung vor, die bei den heutigen Jugendlichen verinnerlicht und bibeldidaktisch nicht zu hintergehen ist: Bedeutung generiert das autonome Subjekt auf der Basis einer Vielzahl kontingenter, kultureller Produkte, die allesamt für sich genommen keine heteronome Wahrheitsautorität besitzen, sondern sich allein als (Sinn-)Angebote für den jeweiligen Rezipienten bewähren können – oder eben auch nicht: ein Film, eine Fotografie, ein Buch, vielleicht auch eine biblische Tradition.

20 Sandrine: Zitat aus eigener Porträt-Sammlung.

21 Lars: Zitat aus eigener Porträt-Sammlung.

22 Martina: Demont/Schenker, Ansichten (Anm. 4), 44.

23 Falk Wagner, Zwischen Autoritätsanspruch und Krise des Schriftprinzips, in: ders., Zur gegenwärtigen Lage des Protestantismus, Gütersloh 21995, 72; vgl. zu Wagners Kritik: Jörg Lauster, Prinzip und Methode. Die Transformation des protestantischen Schriftprinzips durch die historische Kritik von Schleiermacher bis zur Gegenwart, Tübingen 2004, 405–408.

1.6 Von Gott zur Möglichkeit Gottes

Die Bibel gilt traditionell als «Wort Gottes» (wie auch immer man dies versteht) und in der Bibel selbst wird ständig von Gott und Herr, von Engeln und Dämonen, vom Sohn Gottes und seinen Wundern gesprochen – und dies *prima vista* in metaphysisch-theistischer Manier. Wie nehmen die Jugendlichen einen solchen Gott wahr? Es gibt etliche empirische Untersuchungen aus dem deutschsprachigen Raum, die das jugendliche Denken und Reden über Gott zu erfassen versuchten, und je nachdem wie gefragt wurde, differieren die Resultate, aber es lässt sich doch eine allgemeine Verstehensstruktur herausschälen, die Albrecht Schöll in einen vielsagenden, treffenden Satz gegossen hat: «Ich glaube nicht, dass ich nicht an Gott glaube.»[24] Was in dieser doppelten Verneinung deutlich wird, ist eine Unsicherheit, ein Ungefähres, leicht Skeptisches, ein Sich-nicht-festlegen-Wollen, gleichzeitig aber auch eine – wenn auch verhaltene – Offenheit, eben ein tastendes Nicht-Nein. So erstaunt es nicht, dass in Bezug auf eine inhaltliche Kontur Gottes viele Jugendliche von einer unbestimmten höheren Macht, einer nicht näher zu definierenden Energie oder Kraft, von einem Etwas oder einer Dimension sprechen, die sie vor allem als Gefühl oder Stimmung erleben, weniger als kognitive Kategorie. Insofern ist gegenüber den quantitativen Studien immer Skepsis angebracht; wenn etwa die reformierten Jugendlichen der Schweiz die tiefsten Zustimmungswerte zu klassischen Gottesvorstellungen haben oder die Schweizer Jugend als mässig religiös gemessen wurde, ist über deren religiöses Denken und Empfinden zumindest nur die Hälfte in Erfahrung gebracht worden.[25] Denn wenn gefragt wird: «Wie stark glauben Sie, dass es Gott oder etwas Göttliches gibt? Wie oft erleben Sie Situationen, in denen Sie das Gefühl haben, dass Gott oder etwas Göttliches eingreift?», dann werden die Jugendlichen gezwungen, eine allgemeine Suchhaltung in eine vorgegebene Kategorie einzutragen: sehr oft, oft, gelegentlich, selten, nie. Erstaunt es da, dass die Antworten in die Mitte, ja leicht unter dieselbe tendieren?

2. Ungefähre Koordinaten – die Bibel *für* Jugendliche

Wenn ich nach einem Ort frage, die Bibel ins Spiel zu bringen, müsste man natürlich an solchen Aussagen anknüpfen und unbedingt bildend eingreifen, um eine Vielzahl von Missverständnissen zu klären: dass Bibel und Institution nicht vermengt werden dürfen, dass die Bibel ein vielfältiger «Hundert-Stimmen-Strom» (Kurt Marti) ist, dass die Bibel kein Tatsachenbericht ist, dass sie nicht mit Ratgeberliteratur verwechselt werden darf, dass auch alte Bücher durchaus interessant

24 Albrecht Schöll, Jugend und Religion. Vom Statuspassagenmodell zum Strukturprinzip der Individualisierung, in: Yvonne Kaiser u. a. (Hg.), Handbuch Jugend. Evangelische Perspektiven, Opladen 2013, 155–160, 158.

25 Vgl. Käppler/Morgenthaler, Werteorientierung (Anm. 3), 64–68.

sein können etc. pp. Entsprechende didaktische Überlegungen und Umsetzungsvorschläge gibt es hierzu ja genügend.[26] Aber damit sind zwei der genannten Verschiebungen noch nicht aufgenommen:

- Die Bibel als solche hat bei den Jugendlichen keine Autorität, die Jugendlichen selbst bringen diesem Buch eben nicht den oft zitierten «Vertrauensvorschuss» entgegen, den die Theolog_innen für diese Bibliothek reklamieren, sogar wenn sie selbst hierbei in Begründungsnotstand sind.[27]
- Das vermeintliche Zentrum der Bibel, also Gott – wie er zu grossen Teilen in der Wahrnehmung der Jugendlichen in der Schrift zu Wort kommt (Gott spricht, straft, rettet, heilt etc.), hat für die Jugendlichen in dieser (Sprach-)Form keine Lebensrelevanz, ist somit also tot. Hier gilt es weiter zu denken bzw. weiter zu suchen.

2.1 Jugendliche als Adressierte

Als vermeintlichen bibeldidaktischen Konsens innerhalb der Religionspädagogik halten Bernhard Dressler und Harald Schroeter-Wittke fest:

> «Nicht die Bibel ist Gegenstand religiöser Bildung, sondern das Leben und die Welt, in der wir leben. Auf die Welt wirft die Bibel ein Licht und auf das Leben einen Glanz.»[28]

Ja, prinzipiell einverstanden, aber es gilt zurückzufragen (und das richtet sich nicht gegen die genannten Autoren, weil dies nicht ihre Fragen sind): Ist es nicht so, dass gerade auch für Jugendliche andere Kulturquellen (Literatur, Film, Kunst, Architektur und vor allem Musik) ein (für sie oft besseres) Licht auf die Welt und einen Glanz auf das Leben werfen? Die Bibel kann hierbei keinen Exklusivitätsanspruch anmelden, sie würde sich ihres eigenen historisch-kulturellen Charakters, ihrer eigenen Profanität berauben. Sie ist selber zu Text geronnene Welt und Leben. Licht und Glanz? Ja, aber nur wenn dieses Licht auch diffus und der Glanz bisweilen unerträglich strahlend sein darf.

> «Die Bibel ist nicht als Text Gottes Wort, sondern sie gilt als Wort Gottes, weil ihre Texte Zeugnis davon ablegen, was Menschen als Gottes Sprechen und Handeln erfahren

26 Vgl. z. B. exemplarisch Mirjam Zimmermann/Ruben Zimmermann, Ist die Bibel wahr?, in: Mirjam Zimmermann/Ruben Zimmermann (Hg.), Handbuch Bibeldidaktik, Tübingen 2013, 663–667.

27 Vgl. z. B. Porzelt, Grundlinien (Anm. 12), 74, der diesen «Vertrauensvorschuss» nicht wirklich zu legitimieren vermag: «Ich gebe zu, diese Frage nach guten Gründen dafür, warum gerade die Bibel im Zentrum eines Unterrichts stehen soll, der Schüler/innen zur Deutung und Bewältigung ihres Lebens verhelfen will, ist ausserordentlich schwer zu beantworten. Ich kenne keine Antwort, die locker und eindeutig von den Lippen käme – und werde eine solche auch nicht liefern (können).»

28 Bernhard Dressler/Harald Schroeter-Wittke, Vorwort, in: dies. (Hg.), Religionspädagogischer Kommentar zur Bibel, Leipzig 2012, 12, 15.

und gedeutet haben. [...] In der Bibel werden Widerfahrnisse als Handeln Gottes gedeutet. Lebendig werden die Texte, die davon erzählen, erst in der Deutung der Deutung durch Leserinnen und Leser, die ihr eigenes Selbst- und Weltverständnis durch die Bibel auf Gott hin öffnen lassen.»[29]

Einverstanden, aber was wenn das eigene Selbst- und Weltverständnis so schier unendlich weit entfernt vom Selbst- und Weltverständnis der Bibel ist? Zur Zeit rettet man in der religionspädagogischen Literatur diese Entfernung und Fremde gern mit Rückgriff auf alteritätstheoretische Konzepte und will gerade über die Sperrigkeit und Fremdheit, über die nicht selbstverständliche Zugänglichkeit und Widerständigkeit biblischer Texte, über ihr Anderssein die Bibel wieder ins Spiel bringen, also quasi aus der Not eine Tugend machen. Ich halte das für einen leicht verzweifelten (akademischen) Trick professioneller Bibeldidaktiker_innen, ohne auf der didaktischen Ebene den Wert des Fremden, ohne den es tatsächlich nichts zu lernen gibt, mindern zu wollen. Aber gibt es nicht auch eine Unzahl anderer Deutungen des Unnennbaren (durchaus in der christlichen Tradition, aber nicht ausschliesslich), in, mit und durch die sich Jugendliche auf «Gott» hin öffnen lassen – auch wenn sie dies theologisch betrachtet schon immer sind – ohne zuerst z. T. mühsam und demotivierend lange an einer didaktischen Brücke bauen zu müssen, bei der die Gefahr besteht, dass die Arbeiterinnen wegen fehlender Lohnzahlungen die Baustelle verlassen?

«Leseprogramm der Bibel: Von Gott wird erzählt, weil er sich jeder Eindeutigkeit entzieht. Sich vom erzählten Gott ansprechen zu lassen, bedeutet im Licht der biblischen Texte, sich von Gott anreden zu lassen. Die Bibel ist deshalb nicht nur historischer Text, sondern adressierter Text.»[30]

Einverstanden, auch Bibeldidaktik sucht nach Szenarien, Installationen und Provokationen, damit sich Jugendliche vom Unnennbaren anreden lassen und sich als Adressierte wahrnehmen, ohne dies freilich didaktisch funktionalisieren zu können. Aber auch hier – *ceterum censeo* – lässt sich fragen, ob dieses Adressiertsein vom Text der Bibel selbst ausgehen muss, der sich auf weiten Strecken in sperrigem Sprachduktus und fremder Imaginationswelt präsentiert. Denn so wie ich mit den Jugendlichen keine Exegese betreiben muss, selber aber exegetisch einigermassen beschlagen sein sollte, so heisst auch Bibeldidaktik nicht unbedingt, mit der Bibel zu arbeiten (auch wenn Kenntnisse über sie beim Unterrichtenden vorauszusetzen sind), sondern sich theologisch und religiös in den biblischen Spuren und deren Motivik zu halten, um an der christlichen Tradition weiter kritisch zu partizipieren, an ihr zu arbeiten, sie unter veränderten Bedingungen weiterzuschreiben. Berg

29 Ebd.
30 Ebd.

spricht etwas unschön von biblischen «Grundbescheiden» (Gott schenkt Leben, Gott stiftet Gemeinschaft etc.), Gerd Theissen von «Motiven» (Schöpfungs-, Weisheits-, Hoffnungs-, Umkehr-, Exodusmotiv etc.).[31] Bibel für die Jugendlichen kann auch als Projekt gesehen werden, solche Motive theologisch zu bedenken – und zwar als Lebensmöglichkeiten und -perspektiven, nicht als Satzwahrheiten und feste Inhalte, aber doch Wert zu bedenken im Lichte und in Auseinandersetzung mit zeitgenössischer systematischer Theologie, Philosophie bzw. Religionsphilosophie wie auch Literatur und Kunst. Aber dieses Bedenken ist immer schon ein Mitbedenken von Leben und Welt der Jugendlichen bzw. von der Fragwürdigkeit derselben, denn «alle Fragen ergeben sich aus konkreten lebensgeschichtlichen und gesellschaftlichen Umständen.»[32]; ob biblisch-theologische Traditionen und Motive hierauf Licht und Glanz werfen, ob ein Adressiertsein hierbei erfahren wird, wird sich in der Arbeit mit den Jugendlichen erst bewähren müssen, umso mehr für Jugendliche «der Rückgriff auf religiöse Semantiken nicht mehr eine Frage der Tradition, sondern der Wahl»[33] ist: *«Nur weil etwas in der Bibel steht, hat es für mich noch keine Bedeutung.»* Die formale Autorität der Bibel ist nicht (mehr) vorauszusetzen, ihre Autorität bestimmt sich über ihre Relevanz, Perspektiven für die Klärung von Fragen zu Leben und Welt anzubieten: kritisch, bestätigend, herausfordernd, tröstend, verstörend etc.

2.2 Gott den Platz frei halten

«Ich glaube nicht, dass ich nicht an Gott glaube». An dieser typisierten Aussage von Jugendlichen als Ausdruck der «Möglichkeit einer die Lebenspraxis transzendierenden Deutung der Wirklichkeit»[34] gilt es anzuschliessen. Zu klären wäre, was hier unter «glauben» und «Gott» verstanden wird, an den man wahrscheinlich nicht nicht glaubt, und vor allem in welchen lebenspraktischen Zusammenhängen diese Aussage aktualisiert bzw. dem Leben ausgesetzt wird. Denn, mit Dietrich Zillessen: «Ob Gott existiert? Die Frage ist ohne Bedeutung. Erst wenn Jugendliche fragen, was für sie Bedeutung hat im Leben, existentielle Bedeutung, kommt die Frage zu ihrem Recht.»[35] Und erst hier kommt auch das vielstimmige und bilderreiche biblische Sprechen über Gott als Deutung in Form von Bild, Metapher, Symbol

31 Horst Klaus Berg, Grundriss der Bibeldidaktik. Konzepte-Modelle-Methoden, München/Stuttgart 1993; Gerd Theissen, Zur Bibel motivieren. Aufgaben, Inhalte und Methoden einer offenen Bibelarbeit, Gütersloh 2003.

32 Bernd Beuscher/Dietrich Zillessen, Religion und Profanität. Entwurf einer profanen Religionspädagogik, Weinheim 1998, 144.

33 Schöll, Jugend und Religion (Anm. 24), 158.

34 Ebd.

35 Dietrich Zillessen, Gegenreligion. Über religiöse Bildung und experimentelle Didaktik, Münster 2004, 189.

oder Motiv zu seinem Recht, im Wissen darum, dass sich Gott eben jeder Eindeutigkeit entzieht, um somit bei den Jugendlichen das «Missverständnis zu beseitigen, die biblischen Texte als Satzwahrheiten meinen glauben zu sollen»[36]. Aus biblischer, theologischer wie didaktischer Perspektive ist die jugendliche Unbestimmtheit, die zögerliche Offenheit des Gottesbildes sogar als recht genau und produktiv wahrzunehmen: Es schwingt hier etwas mit von dem «ich werde sein, der ich sein werde» (Ex 3,12) – jeweils im lebensgeschichtlichen Kontext. Und als Ahnung klingt die Einsicht mit, dass sich Gott in «keinerlei Gestalt aneignen lässt: weder Herr noch König noch Richter, noch letztlich Gott»[37], sondern Metapher, Symbol und Name für das Unnennbare bleibt, für das Nicht-auf-den-Punkt-zu-Bringende, das Inkommensurable dieser Welt. Gott als Symbol für eine Leerstelle, für einen Ort der Nicht-Fixierung, einen leeren Thron, den es mit allen theologischen Kräften leer zu halten gilt, um nicht den x «-ismen» und «-nessen» diesen Platz zu überlassen, welche die Welt fixieren wollen:[38] Materialismus, Kapitalismus, Utilitarismus, Empirismus, Fitness, Wellness, etc. pp.

Glauben an Gott meint dann ein paradoxes Vertrauen in diese Welt, die nicht auf den Punkt zu bringen ist, eine «zögerliche Entschiedenheit»[39], es meint christlich das Vertrauen in eine letztlich nicht praktizierbare Liebe, es meint die Hoffnung als die «im Vertrauen darauf gewahrte Spannung, dass immer etwas oder jemand kommt»[40]. Wobei theologisch wohl nicht mehr hinter folgendes Diktum zurückgegangen werden kann: «Wir sind nicht Gott und verfügen nicht über Gott. Keinem Gott darf die totale Hingabe gelten. Auch nicht dem christlichen. Denn auch über ihn können wir nicht anders reden, als dass wir uns ein Bild, *unser* Bild, machen.»[41] Ist eine solche – auch biblische – Theologie nicht auch nahe an dem jugendlichen «Ich glaube nicht, dass ich nicht an Gott glaube?» Ginge es nicht vermehrt darum, die eigenen Gläubigkeiten als schwaches Halbwissen im Modus der Fixierung und Schliessung wahrzunehmen und zu klären (*croyance, belief, fides quae*), und dadurch eine Ahnung von Glaube (*foi, faith, fides qua*) als Modus der Öffnung, als unendlicher, aufschliessender Elan, als zögerliche Entschiedenheit zu wecken? Damit sind wir bei der Frage des Didaktischen.

36 Dressler/Schroeter-Wittke, Vorwort, (Anm. 28), 15.

37 Jean-Luc Nancy, Die Anbetung. Dekonstruktion des Christentums 2, Zürich 2012, 97.

38 Vgl. a.a.O., 52–53.

39 Zillessen, Gegenreligion (Anm. 35), 186.

40 Nancy, Die Anbetung (Anm. 37), 98.

41 Zillessen, Gegenreligion (Anm. 35), 185.

3. *Mit* Jugendlichen die Bibel ins Spiel bringen

Wie kann also Bibel bzw. in meinem Verständnis der Bibel auch biblisch-theologische Motivik (im weitesten Sinn) mit Jugendlichen möglichst unverkrampft, und ohne instrumentalisierende Tricks für die Jugendlichen fruchtbar gemacht werden,[42] sodass sie adressiert werden, sodass sie etwas vom Elan, vom Zittrigen und zögerlich Entschiedenen des Glaubens erahnen können und sich entsprechend vorläufig zu entscheiden vermögen?

Religionsdidaktik ist in erster Linie gemeinsame, suchende Klärungsarbeit: Es gilt zu klären, worauf die Jugendlichen vertrauen, «worauf sie ihr Leben bauen, ihre Hoffnung setzen, welchen Göttern sie vertrauen»[43]. Z. B. kann man empirisch – quantitativ wie qualitativ – davon ausgehen, dass die Jugendlichen für sich Autonomie in Anspruch nehmen (auch gegenüber der Bibel, wie wir gesehen haben), dass sie ihre Selbstbestimmung schätzen, an sie glauben, ja dass Autonomie gewichtiger Teil ihrer Religion ist. Entsprechend werden die Jugendlichen auch z. B. von der (Telekommunikations-)Werbung angesprochen, die bekanntlich ihr Zielpublikum vorgängig genauestens analysiert: Gezeigt wird zum Beispiel eine junge, ebenso glücklich wie selbstbewusst schmunzelnde Frau, und neben ihr steht in grossen Lettern geschrieben: «Vergiss, was die anderen sagen. Du kannst.»[44] Vergiss, was die Eltern, ja selbst die Peers sagen: Du kannst. Auch: Vergiss, was die Bibel sagt: Du kannst. Hier öffnet sich ein weites, für die Jugendlichen zentrales Feld für Klärungsarbeit. Ich stelle nur Fragen:

42 Wilhelm Gräb hatte vor Jahren in einem Artikel zu Bibel und Postmoderne «Bibeldidaktik» stets in Anführungszeichen geschrieben, denn er befand – in seiner gewohnt pointierten, leicht polemischen Art – eine Vielzahl didaktischer Brückenbauoperationen als «methodische Tricks zur Wiederbelebung toter Buchstaben» bzw. «‹Bibeldidaktik› assoziiert eher krampfhafte Bemühungen, die Bibel ‹einzubringen›, wo es unpassend ist.» (Wilhelm Gräb, Die Pluralisierung des Religiösen in der «Postmoderne» als Problem der «Bibeldidaktik», in: Godwin Lämmermann, u. a. (Hg.), Bibeldidaktik in der Postmoderne. Klaus Wegenast zum 70. Geburtstag, Stuttgart 1999, 182–197, 192, 197).

43 Zillessen, Gegenreligion (Anm. 35), 185.

44 Vgl. http://www.werbewoche.ch/publicis-orange-sagt-lieber-du-kannst (Zugriff am 1.02.2015).

- Stimmt das, oder ist diese imperativische Verheissung nicht auch Ideologie der Leistungs-, Durchsetzungs- und Konsumgesellschaft und ihre Konsequenz die Depressionsgesellschaft?[45]
- Wo und bis wohin kann ich, unabhängig davon, was die anderen sagen?
- Bin ich wirklich so autonom, quasi eine autopoietische Monade?
- Wo erfahre ich, dass das «Du kannst» an seine Grenzen stösst?
- Wie viel Druck handle ich mir mit der Behauptung von Autonomie ein? Und was heisst das, wenn ich nicht kann, habe ich dann versagt? Muss ich mich schämen?
- Ist der Anspruch auf Autonomie nicht letztlich fixierender Zwang, mache ich mich selber zum Gott, zum fixierten Gegenstand und verzweifle daran, wie ich schon an einem gegenständlichen Gott verzweifelt bin?
- Sind Autonomie und Freiheit dasselbe?
- Wer oder was ermöglicht Freiheit?

Solche und andere Fragen wären mit den Jugendlichen zu klären – denn es geht hier um ihre spezifische Religion, um ihre Lebenswelt, in der sich ihr Narrativ bildet. Wie Heinz Streib vorschlägt, ginge es darum, mit den Jugendlichen narrativ zu kommunizieren, einander zu erzählen, wie das ist z. B. mit der Autonomie.[46] Teil dieser narrativen Kommunikation ist nachdenklich-kritische Diskussion verschiedener Medien (Ich denke z.B. an die Werbung weiter oben, an «Walk the Line», die wunderbare Filmbiografie über Johnny Cash, an die verstörend-schönen Fotografien von Alessandro Imbriaco[47] etc. pp.). Und in spezifisch diesem narrativ-kommunikativen Klärungsprozess der Autonomiefrage macht es Sinn, die Bibel ins Spiel zu bringen, nicht um der Bibel willen (sie hat keine formale Autorität), sondern weil in der biblisch-theologischen Tradition hierzu eine spezifische Perspektive entwickelt wird, nicht ein Programm, ein Plan oder eine Gebrauchsanweisung, keine Satzwahrheit, sondern eine bedenkenswerte Sichtweise: die paulinische Rede von der Rechtfertigung des Sünders, oder etwas (viel) plumper: Ja, du kannst! Und du kannst auch nicht können, du kannst in deinem Können unendlich scheitern – davon hängt dein Heil nicht ab. Du bist als solcher immer schon adressiert, anerkannt, geliebt; das ist deine nicht verrechenbare Würde, biblisch: deine Geschöpflichkeit, das ist deine wirkliche Freiheit als Öffnung, als Aufschliessung, als Elan

45 Der Zusammenhang zwischen dem gesellschaftlichen Normativ des Könnens und der Depression (als historische Ablösung des Zusammenhangs zwischen dem Sollen und der Neurose) wurde eindrücklich dargestellt bei Alain Ehrenberg, Das erschöpfte Selbst. Depression und Gesellschaft in der Gegenwart, Frankfurt [7]2013. In dieselbe Richtung argumentiert Byung-Chul Han, Müdigkeitsgesellschaft, Berlin [7]2012.

46 Vgl. Heinz Streib, Jugendtheologie als narrativer Diskurs, in: Thomas Schlag/Friedrich Schweitzer, Jugendtheologie. Grundlagen – Beispiele – kritische Diskussion, Neukirchen-Vluyn 2012, 155–164.

47 Alessandro Imbriaco, Der Garten, Heidelberg 2012.

des Glaubens,[48] als Vertrauen in deine uneindeutige Reise, biblisch: als dein steter Exodus.

Biblische Klärungsarbeit ist in diesem Fall gleichzeitig Ermutigung zur stets prekären, uneindeutigen Freiheit, als auch Wagnis und Enttäuschung sowie Entlarvung autonomistischer Omnipotenzfantasien, die den leeren Platz Gottes besetzen wollen und mich, uns, die Jugendlichen auf eine Gläubigkeit, eine *croyance* zu fixieren suchen. Möglich, dass bei einer solchen Klärungsarbeit etwas geschieht, dass Jugendliche sich neu, anders oder überhaupt orientieren, ohne sich festzukrallen, ohne den leeren Thron Gottes zu besetzen. Denn nicht Bekehrung ist im Visier, nicht die grosse imperativische Geste «Ändere dein Leben» (die zumindest als Subtext immer noch viele Religionsstunden bestimmt), sondern – wie Bernd Beuscher sagt – die Ermutigung «Lebe dein Ändern»[49].

Möglich, dass das «Ich glaube nicht, dass ich nicht an Gott glaube» dann um eine Spur differenzierter, lebensnaher, weil durch Erzählungen *aller Art* geklärter wird; möglich, dass es etwas von der Gegenständlichkeit Gottes und des Für-wahr-Haltens des Glaubens verliert, die im «Ich glaube nicht, dass ich nicht an Gott glaube» mitschwingen. Wenn es (bibel-)didaktisch gelingt, diese Möglichkeiten umsichtig zu inszenieren und zu provozieren, wäre schon sehr viel gewonnen; ob solche Inszenierungen und Provokationen für die Jugendlichen Bedeutung haben und/oder gewinnen, ist theologisch wie didaktisch (und methodisch) zum Glück immer nur bedingt einholbar.

48 Ich übernehme hier das Sprachspiel von Nancy, Die Anbetung (Anm. 37). Mit «Aufschliessung» (déclosion) ist ein Prozess gemeint, der analog zum Sich-Öffnen einer Blume zu verstehen ist, so dass sich für den Menschen in dieser Welt eine andere «Welt» aufschliesst.

49 Vgl. Bernd Beuscher, www.howdoesthegospelhappen.com (Zugriff am 1.4.2014). Freilich kann es hier nicht darum gehen, das Ändern als ein autonomes Könnensprojekt unbedingt zu postulieren (im Sinn von Flexibilität, Motivation etc.), sondern die Veränderungen kritisch (auch theologisch!) wahrzunehmen, die das «Unbekannte» bzw. «Unbeherrschbare» (Gott?) in Zeiten normierter Leistungsansprüche durchläuft, vgl. hierzu Ehrenberg, Das erschöpfte Selbst (Anm. 45), z. B. 302–306.

Der Bibel als Weltkulturerbe einen Ort in der Ausbildung von Jugendlichen geben

Thomas Staubli

Vorbemerkung

Alle Praktiker_innen wissen, welche Herausforderung das Lesen biblischer Texte mit Jugendlichen darstellen kann, aber auch welche Sternstunden dadurch ausgelöst werden können. Das Thema aufs Tapet gebracht zu haben, ist daher ein hoch zu schätzendes Verdienst der Veranstalter_innen der Tagung, die dieser Publikation vorausging. Wenn die folgende Response auf die Beiträge von Thomas Schlag, Andreas Kessler und Nadja Troi-Boeck in erster Linie auf Ergänzungen und Alternativen zu geäusserten Standpunkten fokussiert, so soll dies nicht eine grundsätzliche Differenz markieren, sondern aus einer teilweise anderen Blickrichtung heraus der Vertiefung einer notwendigen Debatte dienen. Ich wurde dafür in erster Linie in meiner Eigenschaft als Bibelwissenschaftler angefragt. Naturgemäss werden darüber hinaus meine Erfahrungen aus langjähriger theologischer Fortbildungstätigkeit in der Erwachsenenbildung, als Vater von Jugendlichen, als Ausstellungsmacher und Museumsdidaktiker am BIBEL+ORIENT Museum der Universität Freiburg (CH) in die Diskussion einfliessen.

1. Die Bibel als einzigartige Matrix unserer Kultur

2013 zeigte das BIBEL+ORIENT Museum im Gutenberg Museum Freiburg (CH), wohl erstmals im Kontext eines Museums, eine vollständig entrollte Torarolle zwischen zwei eigens dafür angefertigten Plexiglasplatten, die frei im Raum hingen. Um die Rolle beim Einlegen nicht zu beschädigen, fanden sich über ein Dutzend Helfer_innen ein, die die zusammengenähten Pergamentblätter im entrollten Zustand möglichst spannungsfrei hielten, bis sie von den Spezialisten zwischen den Plexigläsern montiert waren.[1] Als die Museumskonservatoren die 32 Meter lange Rolle mit ihren 304 805 handgeschriebenen Zeichen zu entrollen begannen, wurde es plötzlich ganz still im Saal. Die Monumentalität der seit über zweitausend Jahren praktisch unverändert tradierten Zeichenfolge legte sich wie ein heiliger Schauer über die konzentrierten Menschen. Unvermittelt wurde ein geistiges Erbe, die Treue, der Fleiss, der Ernst der Überlieferung – in einem antisemitischen Kontext oft unter tausend Gefahren – sozusagen physisch fassbar. Der Torarolle gegenüber lagen,

1 Toraaufrichte im Gutenbergmuseum: https://www.youtube.com/watch?v=58Pk6KgcLH8 (Zugriff am 6.8.2014).

jeweils an passender Stelle aufgeschlagen, 24 illustrierte Bibelübersetzungen, gleichsam als winziger Ausschnitt aus der biblischen Wirkungsgeschichte, die freilich weit über die Produktion von Übersetzungen und Illustrationen hinausreicht, umfasst sie doch auch Bereiche wie Musik und Film, aber in einem noch viel fundamentaleren Sinn auch sprachliche und geistige Konzepte, die uns bis heute prägen.

Die Bibel mag sich zwar Jugendlichen heute als ein Sinnangebot unter anderen[2] darstellen, diese Wahrnehmung beinhaltet jedoch eine Verzerrung, die von Sachverständigen zu korrigieren ist. Die Bibel ist das einzige, während rund zweitausend Jahren permanent nicht nur tradierte und übersetzte, sondern im Abendland auch kommentierte Textkonvolut. Sie ist die materielle Verkörperung eines Kulturkontinuums zwischen zwei Buchdeckeln, und sie ist in sich selbst bereits ein mediterranes Kulturvermittlungsprojekt. Kurz: Etwas von dieser Bibel ist fast in allem drin, was in der abendländischen Kunst Bedeutung erlangt hat, bis hin zu Harry Potter.[3] Sie ist eine einzigartige Matrix unserer Kultur und daher ein Weltkulturerbe und ein Schlüsselwerk der Superlative. Das ist und bleibt sie, auch wenn sie ihre Funktion als religiöse Richtschnur in einer immer stärker säkularisierten Welt mehr und mehr verloren hat und voraussichtlich weiter verlieren wird. Über die Wahrnehmung der Bibel als kulturelle Matrix böte sich die Chance, sie ihres konfessionalistischen Wahrheitskleides zu entledigen, das sie vielen so unzugänglich macht. Stattdessen sollte ihr Wert für die Kultur als solche erkannt werden, und zwar auch für die sogenannt säkulare Kultur, die ihrerseits ihre biblische Prägung anerkennen sollte, was freilich nur möglich ist, wenn man sich überhaupt mit den eigenen Wurzeln auseinander- und nicht nur gegen sie absetzt.

2. Der Wert der Bibel als kulturelles Gedächtnis wächst

Hat man den kulturellen Wert der Bibel (nicht nur) für Jugendliche erst einmal erkannt, so wendet sich der Negativpunkt der historischen Distanz, die störend spürbar wird, wenn man die Bibel als «wahres» Buch oder gar als direkte Handlungsanweisung versteht, ins Positive: Sie wird zur geistesgeschichtlich-genetischen Datenbank von unschätzbarem Wert und das erst noch in einer Form, die sich, zumindest partiell, nicht nur Spezialist_innen erschliesst. Ich halte das oft – auch von Kessler – gegen die Bibel ins Feld geführte Argument, sie sei veraltet, daher nicht für stichhaltig. Niemand käme auf die Idee, einer mittelalterlichen Burg, einem römischen Amphitheater oder einer Steinzeithöhlenmalerei ihr Alter vorzuwerfen. Im Gegenteil ist es gerade das Alter, das uns diese menschlichen Hinterlassenschaften als schützenswert und des Studiums würdig erscheinen lässt. Es sind

2 Vgl. Kessler, Verschiebungen, in diesem Buch S. 40.

3 Siehe dazu Peter Ciaccio/Alexandra Romei, Harry Potter trifft Gott. Das Evangelium von Hogwarts, Neukirchen-Vluyn 2009.

Zeugnisse, die parallel zur heute so enthusiastisch betriebenen genetischen Entschlüsselung des Menschen seine kulturelle Herkunft rekonstruieren helfen. Dabei gibt es unendlich viel zu entdecken, etwa auf dem Gebiet der Anthropologie.[4] So lässt sich in der Bibel beispielsweise mitverfolgen, wie sich Vorstellungen von der «Seele», die uns bis heute prägen, unter hellenistischem Einfluss veränderten. Die Verankerung von Gefühlen im Körper, etwa des Erbarmens in der Gebärmutter oder des Zorns in der Nase, kann über biblische Texte erschlossen werden. Man kann rote Fäden finden, die etwa von der Traumdeutung Josefs zur Traumdeutung Freuds führen oder von altorientalischen Gottesvorstellungen zu modernen Engelsdarstellungen. Konzepte der Orientierung in der Welt über Stammbäume können Brücken bauen zum Verständnis afrikanischer Gesellschaften. Es wäre zu entdecken, dass das Alte Testament voller humoristischer Geschichten ist, aber auch ein erstklassiges Zeugnis für eine uralte Kultur der Trauerarbeit und des Gedenkens, von der jeder moderne Mensch, der sich mit Vergänglichkeit, Tod und dem Weitergehen des Lebens über Generationen auseinandersetzt, nur staunend lernen kann. Die Bibel ist ein Schlüsselwerk bei der Erarbeitung der Herkunft von Basiswerten unserer Kultur wie Zuverlässigkeit, Nächstenliebe, Fremdenliebe, Demokratie, Rechtfertigung und Selbstkritik und für die schwierige Frage des Umgangs mit Gewalt, Krieg und Rachelust, um nur einige der wichtigsten Themen zu nennen.

3. Kulturneid und Bequemlichkeit hebeln Autonomie aus

Andreas Kessler betont die Autonomie heutiger Menschen, auch der Jugendlichen. Die formale Autorität der Bibel gebe es nicht mehr, sie sei ein Sinnangebot unter anderen, aus denen die Menschen autonom auswählten. Zweifellos ist heute nicht nur im Bereich der physischen, sondern auch der geistigen Nahrung eine Shoppingsituation eingetreten, in der wir permanent aus einem riesigen Angebot auszuwählen haben. Aber tun wir das wirklich selbstbestimmt? Sind wir nicht vielmehr ungeheuren Markt- und Modeströmungen ausgesetzt, die eine wirklich autonome Orientierung zur riesigen Herausforderung werden lässt? Ja, ist die moderne Leitidee vom autonomen Menschen, der sein eigenes Leben führt, nicht längst soziologisch als eine das Individuum permanent überfordernde Illusion entlarvt worden?[5] Ich deute die zunehmenden xenophoben Tendenzen in Europa, die sich in der Schweiz mit Plebisziten gegen Minarette (2009) und gegen «Masseneinwanderung» (2014) siegreich durchsetzen konnten, nicht als Ausdruck für wachsende Selbstbestimmung, sondern als Ausdruck für eine breite kulturelle Verunsicherung, aus der heraus Fremde, die eine andere Kultur – u. a. auch religiös – mit einer gewissen Selbstverständlichkeit leben, als Provokation wahrgenommen werden.

4 Siehe dazu Thomas Staubli/Silvia Schroer, Menschenbilder der Bibel, Ostfildern 2014.

5 Vgl. Ulrich Beck, Eigenes Leben. Skizzen zu einer biographischen Gesellschaftsanalyse, in: ders. u. a., Eigenes Leben. Ausflüge in die unbekannte Gesellschaft, in der wir leben, München 1995, 9–15.

Diese Selbstverständlichkeit in Sachen religiöser Tradition verweist bei den verunsicherten Einheimischen auf eine Leerstelle, die sie sich selber häufig weder bewusst machen noch eingestehen. Vielmehr äussert sich ihre religiöse Heimatlosigkeit meines Erachtens in Unsicherheit und daraus resultierend wiederum in Neid, der sie nicht grosszügig sein lässt.[6] Bei den Jugendlichen kommt noch ein weiterer Aspekt dazu. Nachauswertungen der Plebiszite haben ergeben, dass Jugendliche, die ab dem 18. Lebensjahr stimmberechtigt sind, die grösste Gruppe der Nichtwählenden darstellen.[7] Sie überlassen das politische Feld und damit ihre politische Zukunft den älteren Generationen. Als Hauptgrund für dieses neue Phänomen geben sie selbst Bequemlichkeit an.

Autonomes Denken und Handeln, in welchem Bereich auch immer, setzt voraus, dass ich über entsprechende Mittel verfüge und über die Fähigkeit, sie adäquat anzuwenden. Um einen Haushalt autonom führen zu können, muss ich beispielsweise über das entsprechende Einkommen, aber auch über das notwendige Know-how in Sachen Kochen, Putzen, Waschen, Verwalten etc. verfügen. Gerade das stellt der religiöse Analphabetismus punkto religiöser Autonomie aber in Frage. Ob Menschen sich im Jugendalter zu religiöser Autonomie hin entfalten können, hängt nicht zuletzt auch davon ab, was sie als Kinder gelernt haben.

4. Was Hänschen nicht lernt, lernt Hans ziemlich schwer

Eine der grössten Herausforderungen für heutige Religionslehrkräfte, sei es in Schule oder Kirche, sind die enormen Unterschiede im Vorverständnis, dem sie sich bei ihren Schützlingen gegenübersehen. Sie sind so gross, dass ein Teil der Klasse ständig über- oder unterfordert ist, was nebst der Inhaltsvermittlung eine zusätzliche Herausforderung an die Pädagogin oder den Pädagogen für die Herstellung einer guten Lernatmosphäre darstellt.[8] Kinder, die bereits im Vorschulalter daheim

6 Alle offiziellen Vertretungen jüdischer, christlicher (auch freikirchlicher) und islamischer Religionsgemeinschaften sowie übergeordnete Gremien haben sich gegen die Minarettverbotsinitiative ausgesprochen, während ihnen die Mehrheit des wurzelschwachen Fussvolkes nicht gefolgt ist. Zu Details siehe Thomas Staubli, Religionsfrieden als Problem der religiös Heimatlosen, Neue Wege 106, 2012, 98–105. Gekürzt auch erschienen unter: Die gemeinsame Basis von Juden, Christen und Muslimen und das Problem der religiös Heimatlosen, Junge Kirche 2, 2012, 58–62; http://www.jungekirche.de/2012/0212/staubli.pdf (Zugriff am 6.8.2014).

7 Nach einer allerdings umstrittenen VOX-Analyse (Nr. 114) haben nur 17 % der unter Dreissigjährigen gewählt, dagegen 77 % der über Siebzigjährigen bei einer durchschnittlichen Stimmbeteiligung von 55,8 %. Bei der Abstimmung 1992 als es um den EU-Beitritt ging, haben bei einer Stimmbeteiligung von 78 % noch 73 % der unter Dreissigjährigen gewählt. Auch wenn die jüngste Zahl (17 %) nach oben korrigiert werden muss, so ist die Tendenz doch klar.

8 Hartwig Kiesow sieht zu Recht im «Erwerb von Kompetenzen für solchen integrativen und binnendifferenzierten Unterricht» eine der grossen Anforderungen an Religionslehrkräfte (Hartwig Kiesow,

über Bilderbibeln, CDs oder Filme mit biblischen Stoffen vertraut gemacht wurden, erst recht solche, die regelmässig mit den Eltern an Gottesdiensten teilnahmen, brauchen als Jugendliche ganz andere Kost als solche, an denen diese Bildung teilweise oder ganz vorbeigegangen ist.

Erfahrungen als Kind	Bibelvermittlung an Jugendliche
Biblische Stoffe wurden in verschiedenen Zusammenhängen und Medien kennengelernt, im Elternhaus und/oder in der Schule.	Das bestehende Wissen soll erweitert werden. Damit das gelingt, müssen dem Alter und den Fragen adäquate, neue, herausfordernde Texte thematisiert werden, die deutlich machen, dass die Bibel kein Kinderbuch ist (vgl. unten Abschnitt 7) und dass sie ein Wurzelwerk unserer Kultur ist (vgl. oben Abschnitte 1–2).
Die Bibel wurde als Ausgangspunkt kirchlicher Verkündigung erlebt. Diese Erfahrung kann sehr unterschiedlich ausfallen, sowohl was den Umfang der Vermittlung angeht (oft ist es eine eng begrenzte Auswahl von Texten, im christlichen Kontext mehrheitlich aus dem NT) als auch, was die mit der Verkündigung einhergehende Atmosphäre (liebevoll, autoritär, etc.) und den Vermittlungsstil (kindlich, kindgemäss, nur auf Erwachsene bezogen) angeht.	Die sehr unterschiedlichen Erfahrungen der Bibel als Ausgangspunkt kirchlicher Verkündigung löst bei der Beschäftigung mit diesem Buch unterschiedliche Projektionen aus, die vor der eigentlichen Textarbeit thematisiert werden müssen. Wo starke Widerstände vorhanden sind, kann die Projektionsphase [9] ggf. in einen «Exorzismus» münden, der die auf die Bibel projizierten, eine freie Lektüre behindernden Geister vertreibt. [10] Das gilt umgekehrt auch für jene Geister, die der Bibel ein fundamentalistisches Wahrheitsverständnis überstülpen. Je länger je mehr muss die Bibel aber auch vom Ungeist der Verharmlosung befreit werden (Nagel 2006).[11]

Jugendliche zwischen Atheismus und religiöser Kompetenz. Eine empirische Untersuchung zur Religiosität und zu Teilnahmemotiven für den Besuch des Evangelischen Religionsunterrichts unter 3889 Schülerinnen und Schülern der Klassen 8, 9 und 10 in Thüringen, Berlin (Diss.) 2003, http://www.db-thueringen.de/servlets/DerivateServlet/Derivate-2774/Kiesow.pdf, 458 [Zugriff am 6.8.2014]).

9 Die Projektionsphase ist die erste Phase eines Dreiphasenmodells, das in der ökumenischen Bibelarbeit häufig angewandt worden ist. Sie bereitet die analytische Phase der Auseinandersetzung mit dem Bibeltext vor, die wiederum der synthetischen Phase der Aktualisierung vorausgeht. In Lateinamerika wurde sie bekannt unter dem Slogan: Vom Leben zur Bibel, von der Bibel zum Leben. Im Projekt «Damit sie Leben haben» des Schweizerischen Katholischen Bibelwerks finden sich unzählige kreative Beispiele für die konkrete Anwendung des Dreiphasenmodells, siehe SKB (Hg.), Damit sie Leben haben. Bibelarbeit in der Gottesdienstvorbereitung, Bibelpastorale Arbeitsstelle des Schweizerischen Katholischen Bibelwerks, Zürich 1991–1994.

10 Der «Exorzismus» besteht in der Regel aus dem Dissoziieren von Bibel und falschen Autoritäten, die sich der Bibel bemächtigt haben. Vgl. dazu das Brecht-Gedicht in Abschnitt 5, wo der «Exorzismus» in poetisch-mythologischer Form durch Erschiessung des kompromittierten Gottes stattfindet.

11 Vgl. Günter Nagel, Gegen die Harmlosigkeit gängigen Bibelunterrichts, in: Gottfried Adam u. a. (Hg.), Bibeldidaktik. Ein Lesebuch, Münster 2006, 87–91.

Kontakte mit der Bibel fanden weder über die Eltern, die Schule noch über die Kirche statt, und sie beschränkten sich auf zufällige Informationen aus Medien. Oft geht der biblische Analphabetismus einher mit einer generellen Bildungsferne und Leseschwäche, er findet sich aber auch im Bildungsbürgertum.	Einfache Lernziele, z. B. einen Text lesen und zur Kenntnis nehmen können, tragen dazu bei, dass sich Schüler_innen und Lehrkräfte nicht überfordern. Eine Lernatmosphäre, die vermittelt, dass die Bibel ein Schatz ist, kann das nicht vorhandene Basiswissen kompensieren helfen.

Die Bereitschaft von Kindern, sich auf biblische Texte einzulassen, ist nahezu grenzenlos.[12] Die Frage, wie Jugendliche mit der Bibel in Kontakt gebracht werden sollen, steht und fällt daher mit der Frage, wie das Potenzial in Kindertagen genutzt worden ist. Wo die Klassenverhältnisse zu heterogen sind, als dass man sich auf eine spezifische Zielgruppe einlassen könnte, bietet der Bibelunterricht den Ausweg, die Texte einfach gemeinsam zu lesen. Allein schon die Erfahrung des gemeinsamen Lesens kann heute ein seltenes, bereicherndes Erlebnis sein. Die Lektüre bietet in der Regel Anlass zu mancherlei Kommentarmöglichkeiten und löst oft spontan eine Diskussion aus, bei der alle dazu lernen können.

5. Der liebe Gott und seine Bibel

Auch die Unsicherheit, Skepsis oder Ablehnung von Jugendlichen in Bezug auf Gott[13] ist kein Handicap für die Auseinandersetzung mit der Bibel, ganz im Gegenteil. In Bertolt Brechts Gedichtzyklus «Die drei Soldaten. Ein Kinderbuch» beschäftigen sich die drei Soldaten – Personifikationen von «Hunger, Unfall und Husten» (bzw. Seuchen) als Spätfolgen des Ersten Weltkrieges – auch mit dem lieben Gott,[14] «der seit tausend Jahr / Verheiratet mit seiner Kirche war.» Weil seine Braut, die Kirche, über die Verhältnisse lebte, war der liebe Gott bei den «armen Leut», die dafür zahlten, bis über die Ohren verschuldet, so dass er, geplagt von Gewissensbissen, bei Nacht und Nebel sein Haus verliess. Gerne hätte er auf seine Flucht ein Buch mitgenommen, «das hatte er in seiner Jugend geschrieben / Und es war auch nicht ganz unbekannt geblieben. / In dem Buch, daran erinnerte er sich genau / (Er hatte es oft gesagt seiner Frau) / Stand: die Armen seien die besseren Leute. / Das war wahr und das stimmte auch noch heute.» Um das Buch zu holen, hätte er nachts nochmals «auf den Speicher gemusst / Und das hielten seine Nerven nicht mehr aus / Darum verliess er *ohne* das Buch das Haus.» Unter einem Brückenbogen wird er von den drei Soldaten gestellt und verhört und sie «erschossen ihn zur selbigen Stund / So dass Gott aus der Welt verschwund. / Dass die drei Soldaten

12 Vgl. Thomas Staubli, Kinder als Tora-Gelehrte am Beispiel von Levitikus 19,3–18, in: Gerhard Büttner/Martin Schreiner (Hg.), «Man hat immer ein Stück Gott in sich.» Mit Kindern biblische Geschichten deuten, Teil 1, Stuttgart 2004, 137–146.

13 Vgl. Kessler, Verschiebungen, in diesem Buch S. 41.

14 Die Gedichte von Bertolt Brecht in einem Band, Frankfurt a. M. 1981, 358–360.

das machen / Das sind Tatsachen. / Drum bei dem grossen Arbeiterheer / Gibt es den lieben Gott nicht mehr.»

Das an Kinder oder Jugendliche gerichtete Gedicht ist in mehrfacher Hinsicht bemerkenswert und kann meines Erachtens heute noch als Anleitung fürs Bibellesen mit Jugendlichen dienen:

- Brecht dissoziiert durch die Fluchtgeschichte den korrumpierten Gott der Kirche von seinem Jugendwerk, also von dem, was er in seiner revolutionären Phase geschrieben hatte, von der Bibel. Ohne dass Brecht im Rahmen seiner poetischen Verdichtung darauf eingeht, dass die Bibel nicht das Werk eines einzelnen Autors ist und erst recht nicht ein supranaturalistisches Produkt, gelingt ihm eine für die fruchtbare, zu «Folgerungen» fähige Bibellektüre grundlegende Entkoppelung von Gottes- und Bibelverständnis.
- Während Gott stirbt, bleibt das wahre Buch auf dem Speicher zurück, im Wunderland jedes neugierigen Kindes auf der Suche nach Abenteuern und verborgenen Geheimnissen: Gott ist tot, aber sein Buch ist noch da. Jedes Kind kann nun in die Rolle Gottes schlüpfen, der sich fürchtete, nachts auf den Speicher zu gehen, um das Buch nochmals zu lesen. «Er hätte nun gern die Folgerungen daraus noch einmal gelesen / Denn Folgerungen waren doch wohl sicher dabeigewesen.» Mit anderen Worten: Brecht verweist auf eine bibliophile Kostbarkeit aus Gottes Jugend, aus der Folgerungen zu ziehen nun die Chance jedes lesenden (Arbeiter-)Kindes ist.
- Brecht selber war kein Arbeiter- sondern ein Fabrikantenkind. Darin liegt die Chance jeder Kindheit, jeder Jugend: Dass der Standpunkt noch frei gewählt werden kann, sofern dies die Lernumgebung ermöglicht.
- Wer die Bibel liest, wird merken, dass das Gedicht selbst eine Fortschreibung der Bibel ist, der Brecht das Motiv der drei Soldaten entliehen hat. Dort sind es Hunger, Krieg und Pest (vgl. 2Sam 24,13). In 2. Makkabäer 3,26 erscheinen drei Reiter, die das Gericht vollziehen, und auch die Offenbarung des Johannes kennt apokalyptische Reiter (Offb 6,1–6), denen die Macht gegeben ist, Schwert, Hunger und Tod über die Erde zu bringen.
- Brechts Gedicht ist inzwischen über achtzig Jahre alt. Die Scheidung zwischen dem Götzen der Institution und dem kostbaren Buch aus Gottes Jugend ist offensichtlich keine neue Aufgabe, aber sie stellt sich heute anders dar. In einem Kontext, wo Kirchen hierzulande eher geschlossen als gebaut werden, wo die sozialistische Lesekultur verschwunden ist und die kirchlichen Institutionen – oft im Verbund mit kritischen NGOs – offensichtlich inspiriert von Gottes Jugendwerk Dinge sagen, die dem vom politischen Populismus verblendeten, wohlhabenden und bequemen Volk nicht passen (s. o. zur Minarett- und Masseneinwanderungsinitiative), stellt sich das Problem anders als zu Brechts Zeiten. Die Analyse der Armuts- und Götzenphänomene in der modernen Unübersichtlichkeit ist anspruchsvoller geworden,

die Bibel dabei aber immer noch eine äusserst lohnende Lektüre, um «Folgerungen» zu ziehen.

6. Bibeltexte auswählen, die Fragen der Jugend aufgreifend

Dabei stellt sich angesichts der sehr begrenzten Zeit, die in schulischen Lehrplänen der Bibel zur Verfügung gestellt wird, die Frage der Textauswahl: Welche der vielen Texte sind einerseits repräsentativ, andererseits didaktisch und pädagogisch geeignet? Die Frage stellt sich etwas anders auch im kirchlichen Unterricht. Dort geht es darum zu prüfen, ob der Kanon der ausgewählten Texte den Fragen der Jugendlichen Rechnung trägt. Tendenziell stelle ich fest, dass die Katechese aus der Bibel ein Kinderbuch gemacht hat und zu selten im Konfirmanden- und Firmunterricht Texte aufgegriffen werden, die die kritischen Fragen von Jugendlichen in ihrer kritischen, vielleicht sogar atheistischen Phase aufgreifen.

Bei religiös schwach sozialisierten, nichtreligiösen und atheistischen Jugendlichen herrscht Umfragen zufolge ein Interesse an Gottes- und Theodizeefragen vor,[15] auf das der Bibelunterricht reagieren muss. Nun gehört es gerade zur Stärke der Bibel, dass sie diesen Fragen breiten Raum gibt und eine faszinierende Fülle von Antworten anbietet, auch auf die schwierigen und radikalen Fragen: Ist Gott selbst gerecht? Gibt es überhaupt einen Gott? Warum lässt Gott Gerechte leiden? Hat das Leben überhaupt einen Sinn? Warum gibt es Arme und Reiche?

Um über die Bibel zu diesen Fragen vorzudringen, ist es freilich nötig, nicht idealisierende Auswahlbibeln, sondern den Text selbst zur Kenntnis zu nehmen. So wird darin *Abraham* nicht nur als gehorsamer Knecht dargestellt, sondern auch als einer, der Gott auf seine Gerechtigkeitsansprüche behaftet (Gen 18,25): «Der Richter der ganzen Erde, sollte der nicht Recht üben?» *Mose* interveniert immer wieder bei Gott als Anwalt eines Volkes, das sich überfordert fühlt, aber auch als ein Führer, der an seine Grenzen stösst, was zur Demokratisierung seines Amtes führt (Num 11), und der am Ende sogar die Grenze zwischen Mensch und Gott verwischt, indem er sich ein Wunder zuschreibt (Num 20,10). Das wird damit bestraft, dass er das gelobte Land nicht betreten darf. *David* wird in keiner Art und Weise verherrlicht, sondern als Ehebrecher und Mörder

15 So das Ergebnis einer umfassenden Umfrage in Thüringen, vgl. Kiesow, Jugendliche (Anm. 8), 389f. Die Theodizeefrage scheint eine Schlüsselfrage für die Jugendtheologie zu sein. Vgl. dazu Sebastian Hamel, Die Bedeutung der Theodizeefrage im theologischen Gespräch mit Kindern und Jugendlichen. Überraschende Erkenntnisse eines Forschungsprojektes, Kassel 2012; im Anschluss an Karl Ernst Nipkow, Erwachsenwerden ohne Gott? Gotteserfahrung im Lebenslauf, München 1987; Werner H. Ritter u. a., Leid und Gott. Aus der Perspektive von Kindern und Jugendlichen, Göttingen 2006; Eva Maria Stögbauer, Die Fragen nach Gott und dem Leid bei Jugendlichen wahrnehmen. Eine qualitativ-empirische Spurensuche, Bad Heilbrunn 2011; Rainer Oberthür, Warum bin ich auf der Welt? Was ist der Sinn des Lebens?, in: Albert Biesinger (Hg.), Woher, wohin, was ist der Sinn? Die grossen Themen des Lebens: Kinder fragen – Forscherinnen und Forscher antworten, München 2011, 26–36.

aus der Perspektive der Opfer kritisiert. Im Buch *Hiob* wird die Frage, warum Gott einen Gerechten leiden lässt, auf vielfältige Art und Weise aufgeworfen – Hiob selbst scheut sicht nicht, Gott als «Verbrecher» zu bezeichnen (Hiob 9,24) – und beantwortet. Die Mehrheit der Freunde Hiobs vertritt die Ansicht, dass es keinen Gerechten gibt, der von sich sagen könnte, er sei gerecht. Jeder ist ein Sünder und muss daher auch die Unbill des Schicksals als gerechte Strafe anerkennen. In einem Lied auf die unauffindbare Weisheit wird im selben Buch aber auch skeptisch formuliert, dass das weisheitliche Geheimnis der Welt verborgener ist als ein Edelstein und den Menschen letztlich unzugänglich (Hiob 28). Die Gottesreden relativieren einerseits den Anthropozentrismus der Theodizeefrage (Hiob 38f.), geben aber auch der Überzeugung Raum, dass Gott das Böse in der Welt begrenzt (Hiob 40f.). Die berühmte Rahmengeschichte schliesslich vertritt den Standpunkt, dass die Prüfung des Gerechten ein Zugeständnis Gottes an den Satan ist, am Ende aber noch die Ungerechtigkeit der Frevler an den Tag bringt, für die der gerettete Gerechte Fürbitte einlegt.

Mit der Theodizeefrage werden existenzielle und religiöse Fragen in den Fokus gerückt. Geschieht dies isoliert, so besteht die Gefahr, dass biblische Texte als philosophische oder theologische Versatzstücke zum Einsatz kommen. Das ist zwar an und für sich kein Problem, geht aber letztlich an der biblischen Intention vorbei, die diese Frage in Beziehung setzt zu Recht und Schöpfung bzw. Natur und damit zu Interessensgebieten von Jugendlichen. Diese werden oft nicht mit der Bibel in Beziehung gebracht, wenn die Bibel zu eng als «religiöses Werk» gesehen wird. Da besteht grosser Nachholbedarf. Die Frage nach der Gerechtigkeit Gottes und der Menschen bündelt und konkretisiert sich innerhalb der biblischen Tradition letztlich im Recht, das ein möglichst friedvolles, gewaltloses Leben unter Menschen bezweckt, allerdings nur dort greift, wo diese Menschen ein Ethos des gegenseitigen Respektes und der Liebe pflegen. Wie viel die westliche Kultur, wie viel die Aufklärung der biblischen Rechtskultur und Gerechtigkeitsdebatte verdankt, bis hin zu den Menschenrechten, der UNO und dem heute so selbstverständlichen Anspruch der Unantastbarkeit der Person[16] – das sollten Jugendliche auf dem Weg ins Erwachsenenleben irgendwann und irgendwo gelernt haben. Ziel einer Auseinandersetzung Jugendlicher mit der Bibel sollte es meines Erachtens auch sein, dass die durch den US-amerikanischen evangelikalen Fundamentalismus vorgegebene Scheinalternative zwischen Schöpfung und Evolution als solche erkannt und aufgearbeitet wird. Das setzt voraus, dass man die Bibel wie andere Literatur auf ihre gattungsmässigen Funktionen und Leistungen hin erkundet und sich parallel zu biologischen Fakten und Kenntnissen im Biologieunterricht literatur- und bibelwissenschaftliche Kategorien und Einsichten im Kultur-, Religions- oder Ethikunterricht aneignet, wo immer eben die Bibel (noch) ein Thema ist. Das wiederum setzt voraus, dass man die Autorität der Bibel – zumindest im schulischen Kontext –

16 Dazu Hans Joas, Die Sakralität der Person. Eine neue Genealogie der Menschenrechte, Berlin 2011.

nicht in ihrem Wahrheitsanspruch sieht, sondern in ihrem einzigartigen Zeugniswert als Weltkulturerbe und dass man von ihr nicht in erster Linie spirituelle «Ermutigung» auf dem Individuationsweg eines Jugendlichen erhofft, sondern ihr enormes aufklärerisches Potenzial für den Kulturunterricht nutzt. Ich glaube, dass auf diesem Weg die Bibel da und dort von Jugendlichen unverkrampfter auch als Quelle religiöser Sprachfindung und Sinnstiftung[17] entdeckt werden könnte, als wenn ihr a priori ein Wahrheitsgehalt zugeschrieben wird, der gesellschaftlich überhaupt nicht mehr abgefedert und plausibel ist und daher unweigerlich zu einer durchaus verständlichen Abwehrhaltung gegenüber der Bibel führt, die dann didaktisch erst mühsam abgebaut werden muss, bevor das Lernen beginnen kann.

7. Bibel an Kinder und Jugendliche vermitteln: Eine politische Herausforderung

Damit sollte klar geworden sein, dass die Frage nach dem Schnittfeld von Jugend und Bibel letztlich eine politische Frage ist: nämlich die Frage nach dem Ort, den eine seit zwei oder mehr Generationen immer stärker säkularisierte Gesellschaft der Bibel zugesteht. In diesem Zusammenhang ist positiv zu vermerken, dass die Konsultationsfassung des deutschschweizerischen Lehrplans 21, sowohl der Auseinandersetzung mit der religiösen Binnensicht der Bibel als auch mit ihrer kulturellen Wirkungsgeschichte Raum zugesteht.

> Die Bibel hat ihren Platz innerhalb des Fachbereichs «Natur, Mensch, Gemeinschaft (NMG)» und dort im Kompetenzbereich «Ethik, Religionen, Gemeinschaft (ERG)», für den fünf globale Themenkreise angegeben werden: «1. Ich und die Gemeinschaft – Leben und Zusammenleben gestalten. 2. Existentielle Grunderfahrungen reflektieren. 3. Werte und Normen klären und Entscheidungen verantworten. 4. Spuren und Einfluss von Religionen in Kultur und Gesellschaft erkennen. 5. Sich mit Religionen und Weltsichten auseinandersetzen»[18]. Als Lernziel wird formuliert: «Die Schülerinnen und Schüler können erläutern, wie Texte und Lehren in religiösen und kulturellen Überlieferungen eingebettet sind… Die Schülerinnen und Schüler können erläutern, wie heilige Schriften (insbesondere Tora, Bibel, Koran) überliefert wurden (z. B. mündliche, schriftliche Überlieferung, Handschriften, Buchdruck, Übersetzung) und wie sie verwendet werden (Rezitation, Meditation, Lesung, Auslegung)»[19].

17 Vgl. Troi-Boeck, Empirische Zugänge, in diesem Buch S. 32f.

18 Deutschschweizer Erziehungsdirektoren-Konferenz (Hg.), Lehrplan 21. Konsultationsfassung, Natur, Mensch, Gemeinschaft, Luzern Juni 2013, 9.

19 Deutschschweizer Erziehungsdirektoren-Konferenz (Hg.), Lehrplan 21. Konsultationsfassung, Fachbereichslehrplan Ethik, Religionen, Gemeinschaft, Luzern Juni 2013, 11, Erg.5.

Die entscheidende Frage ist, ob und woher das Lehrpersonal die Kompetenzen hat, um zum Beispiel die mündliche und schriftliche Überlieferung der Tora zu vermitteln oder Einblicke in ihre Rezitationsweise oder Auslegungsgeschichte zu geben. Da, wo diese Kompetenzen fehlen, ist absehbar, dass die eigene Unsicherheit in Bezug auf die Bibel auf die Jugendlichen projiziert wird und man weiterhin von einer Distanz der Jugend zur Bibel spricht. Diese Verlogenheit zuzugeben und aufzuarbeiten, dürfte die grösste Herausforderung sein. Im Gegensatz zu den Naturwissenschaften liegen für die Geisteswissenschaften im Lehrplanentwurf keine Grundkompetenzerfordernisse nach nationalem Bildungsstandard vor.[20] Wenn die Geisteswissenschaften nicht auf solchen Grundkompetenzen insistieren, bleibt der Lehrplan in den sie betreffenden Bereichen ein Selbstbedienungsladen. Es werden immer weniger Jugendliche, die über religiöse Institutionen ein kulturgeschichtliches Basiswissen zur Bibel vermittelt bekommen. Der Ruf nach theologisch profilierten Deuter_innen der Bibel[21] scheint mir – zumindest hierzulande – gegenwärtig illusorisch zu sein. Das Ziel muss bescheidener sein, dafür aber umso abgesicherter, nämlich: Jugendlichen zu vermitteln, dass es auf dem Speicher ein Buch gibt, das – gelesen nach allgemeinen literaturwissenschaftlichen Regeln – ein Deuteschlüssel unserer Kultur ist und eine gefährliche Erinnerung aus Gottes Jugendzeit. Die Frage, ob es auch in Zukunft genug Menschen geben wird, die in der Lage sind, Spuren der biblischen Matrix in unserer Gesellschaft zu entziffern, entscheidet sich an der Weitsicht und Durchsetzungskraft von Entscheidungsträgern an Universitäten und in Erziehungsdirektionen, die sich der kulturellen und nicht nur der religiösen Bedeutung der Bibel bewusst sind.

20 Vgl. Deutschschweizer Erziehungsdirektoren-Konferenz (Hg.), Lehrplan 21. Konsultationsfassung, Natur, Mensch, Gemeinschaft, Luzern Juni 2013, 12.

21 Vgl. Thomas Schlag, Brauchen Jugendliche die Bibel?, in diesem Buch S. 21.

Gendersensible Perspektiven

Silvia Arzt

Jugendtheologie und (theologische, religionspädagogische) Frauen- und Geschlechterforschung sind zwei gerade in den letzten Jahren immer wichtiger gewordene Perspektiven in der religionspädagogischen Forschung und Praxis – allerdings bleiben beide meist unverbunden. Dieser Beitrag will einige gendersensible Perspektiven einbringen, um das Gespräch zwischen den beiden Ansätze zu fördern.

In einem ersten Schritt werden ausgewählte Ergebnisse von Rezeptionsstudien zu biblischen Texten dargestellt, die die Wirkweisen der Kategorie Gender berücksichtigen. Daran anschliessend werden Konsequenzen für die Jugendtheologie formuliert: Welche Dimensionen von Geschlecht sollte sie in ihren bibeldidaktischen Bemühungen berücksichtigen? Darüber hinaus ist zu fragen, inwiefern Jugendtheologie nicht nur in Bezug auf die Bibeldidaktik feministisch-theologische Ansätze in das Gespräch mit den Jugendlichen einbringen kann.

1. Wenn sich Text und Leser_in begegnen – spielt Geschlecht eine Rolle: Einblicke in empirische Studien

«Jede Auslegung ist ein wechselseitiger Prozess. Der Sinn des Texts, [...], liegt nicht einfach in ihm drin wie in einem Schatzkästchen, das ich als LeserIn nur aufschliessen bräuchte. Der Sinn des Textes entsteht in der Auslegung als schöpferischem Prozess. Die Vieldeutigkeit der Zeichen bewirkt, dass jede *Rezeption* ein kreativer Akt ist, nicht nur die *Textproduktion.* [...] Auf der Seite der Lesenden gibt es eine Reihe von Faktoren, die das Rezeptionsverhalten beeinflussen: sozialer Ort, Alter, Geschlecht, aber auch individuell-biografische Kategorien», so die Bibelwissenschaftlerin Ilse Müllner.[1] In einigen empirischen Rezeptionsstudien wird deutlich, dass das Geschlecht der Leser_innen eine Rolle spielt:

Die «Erzählung vom Widerstand der Waschti» im ersten Kapitel des Esterbuchs war der Ausgangspunkt meiner Studie.[2] Die Absicht war, die Rezeption, die Wirkungsgeschichte des Textes von der Bibel über die Auslegungstraditionen bis hin zu heutigen (jugendlichen) Leserinnen und Lesern zu ergründen. Auch bei den «professionellen» Exeget_innen, so zeigte sich, spielt Gender eine Rolle, vor allem in der Deutung der Waschti. Erst die feministischen Bibelwissenschaftlerinnen

1 Ilse Müllner, Moralisches Lernen an unmoralischen Vorbildern. Zur Textpragmatik der Erzählung von Kain und Abel (Gen 4,1–16), http://www.jcrelations.net/de/ ?item=854 (Zugriff am 11.2.2009), 7f.

2 Silvia Arzt, Frauenwiderstand macht Mädchen Mut. Die geschlechtsspezifische Rezeption einer biblischen Erzählung, Innsbruck u. a. 1999. Siehe auch zusammenfassend: Silvia Arzt, Das Bibellesen hat ein Geschlecht, in: Religionspädagogische Beiträge 43, 1999, 157–166.

schrieben ihr nicht Schamlosigkeit und/oder Ungehorsam zu, sondern sehen sie als politische Rebellin und mutiges Vorbild.

Um die Rezeptionen von Kindern und Jugendlichen zu erfassen, wurden 180 Schüler_innen im Alter von 10–15 Jahren gebeten, aus der Perspektive einer Gestalt der Erzählung diese wiederzugeben. In der Analyse sollten Antworten gefunden werden auf die Fragen: Welche Teile der Erzählung nehmen die Schüler_innen in ihre Nacherzählung auf, welche führen sie weiter aus, welche Leerstellen im Text werden wie gefüllt? Welche Umdeutungen zeigen sich? Und vor allem auch: Ist Waschti eine Gestalt, mit der sich vor allem auch die Mädchen beim Lektüreprozess identifizieren? Dies auf dem Hintergrund der (feministischen) Forderung nach mehr weiblichen Identifikationsfiguren, die in die Arbeit mit der Bibel mit Kindern und Jugendlichen eingebracht werden sollten.

Eine geschlechtsspezifische Rezeption der Erzählung wurde deutlich. Mädchen wie Jungen wählten überwiegend eine gleichgeschlechtliche Person der Geschichte, um aus ihrer Perspektive eine Nacherzählung zu verfassen. In einem kleinen Fragebogen wurde in einer offenen Frage danach gefragt, welchen Sinn diese Erzählung denn habe. Mädchen wie Jungen beantworteten sie überwiegend mit «Diskriminierung/Gleichberechtigung von Frauen». Im Zentrum ihrer Nacherzählungen stand der Konflikt zwischen König und Königin – der Geschlechterkonflikt, das haben sie mit feministischen Exegetinnen gemeinsam. Vor allem ältere Schüler_innen sehen dies als zentrales Thema.

Stuart Charmé[3] ging in seiner Studie der Frage nach, welchen Sinn Mädchen und Jungen in der Geschichte von Adam und Eva finden, wenn sie ohne besondere Vorinformationen mit dieser Erzählung konfrontiert werden, welche Gedanken sie über die Geschlechter anhand dieser Erzählung formulieren und wie ihre Einstellungen das Verstehen der Erzählung beeinflussen. In 70 Interviews mit Kindern im Alter von vier bis elf Jahren zeigte sich auch hier die geschlechtsspezifische Identifikation: Auf die Frage, welche Person der Geschichte sie gerne sein möchten, nannten 63 % der Mädchen Eva und 82 % der Jungen Adam. Es wurde auch die Frage gestellt, warum Gott zuerst Adam und dann Eva erschaffen habe. Vor allem zwei Erklärungen wurden gegeben: zum einen, dass Gott ein Mann ist und deshalb Männer bevorzugt, zum anderen, dass Männer stärker und besser als Frauen seien. Charmé kommentiert diesen Befund: deutlich werde hier der starke Einfluss eines überwiegend männlich gedachten Gottes in der Tradition und der Geschlechterrollen von Männern und Frauen. Er fordert alle, die mit religiöser Erziehung und Bildung zu tun haben auf, das Zusammenspiel von Geschlechteridentität und reli-

3 Stuart Z. Charmé, Children's gendered responses to the story of Adam and Eve, Journal of Feminist Studies in Religion 2, 1997, 27–44.

giöser Identität stärker zu beachten: «Not only is religion a powerful force contributing to children's gender role socialisation, but children's gender identity is a powerful lens through which they will view religion.»[4]

Auch in der umfangreichen Studie von Michael Fricke[5] zur Rezeption «schwieriger» Bibeltexte werden immer wieder Geschlechterfragen zumindest erwähnt. Bei den Gruppendiskussionen mit den Grundschulkindern achtete Fricke darauf, diese sowohl in Mädchen- als auch Jungengruppen durchzuführen, um eventuell geschlechtsspezifische Unterschiede wahrnehmen zu können. So wurde etwa die Erzählung von Kain und Abel erarbeitet, anschliessend malten die Kinder eine Szene. Die Mädchen malten vorwiegend Bilder, in denen keine Menschen vorkamen (also z. B. nur den Acker mit Blut), oder sie wählten Eva als Hauptmotiv oder den Anfang der Geschichte: Adam und Eva bekommen ein Kind – Eva wurde wieder schwanger. Bei den Jungen kommen alle im Text genannten Personen auch in den Bildern vor. Fricke dazu: «Gen 4 macht deutlich, dass biblische Geschichten Jungen oft mehr Möglichkeiten bieten, sich mit handelnden Personen zu identifizieren. Die Mädchen dagegen müssen ausweichen (leerer Acker) oder eine erzählerische Randfigur (Eva) wählen. Interessanterweise bringen sie gerade dadurch einen wichtigen, bisher vernachlässigten Aspekt mit hinein: Wie war es eigentlich für die Eltern, ein Kind zu verlieren?»[6] Den biblischen Text interessiert diese Frage nicht – aber die Schülerinnen gerade sehr (vor allem auch im Grundschulalter beschäftigt die Kinder ja die Frage, woher sie kommen und wie das war, als sie auf die Welt gekommen sind. Sie bringen ihre Lebenswelt, ihre Fragen im Lektüreprozess ein – oft auch für erwachsene oder professionelle Leser_innen sehr überraschende!).

Alexandra Renner[7] hat in einer kleinen Studie Leitfadeninterviews mit drei Mädchen und drei Jungen im Alter von 13 bzw. 14 Jahren zum Buch Judit durchgeführt. Die Schüler_innen erhielten den Text des Juditbuchs in der Einheitsübersetzung und lasen den Text für sich alleine zu Hause. Zwei Tage später wurden die Interviews geführt. Vor allem von zwei Mädchen wird Judit bewundert. Ein Mädchen schildert sie als Heldin und als aussergewöhnliche biblische Frauengestalt: «Ja, sonst ist mir aus der Bibel nur Maria bekannt. Sie hat Jesus auf die Welt gebracht. Aber das war ja auch wieder nur Kinderkriegen und sonst keine wirkliche Heldentat. Wenn manche noch meinen, dass nur Männer so was machen können, ist Judit jetzt eben das Gegenstück dazu. Und darum ist das schon gut. Bei uns in der Klasse haben wir mal durchgenommen, dass man viele Männer in einem Volk

4 A.a.O., 44.

5 Michael Fricke, «Schwierige» Bibeltexte im Religionsunterricht. Theoretische und empirische Elemente einer alttestamentlichen Bibeldidaktik für die Primarstufe, Göttingen 2005.

6 A.a.O., 415.

7 Alexandra Renner, Bibellesen hat ein Geschlecht. Eine genderspezifische Lektüre des Juditbuches, in: Sabine Pemsel-Maier (Hg.), Blickpunkt Gender. Anstöss(ig)e(s) aus Theologie und Religionspädagogik, Frankfurt a. M. 2013, 185–196.

umgebracht hat, weil sie viel stärker waren. Und die Frauen hat man am Leben gelassen, weil sie sowieso nichts können. Da haben die Jungs in der Klasse gesagt: ‹Ha, ha, ihr wart schon früher nichts wert›. Und sie haben ein bisschen herumgestichelt. Und da wäre Judit eben ein Gegenstück, dass es früher anders war.»[8] Gefragt nach der Bedeutung der Erzählung meint eine Schülerin: «Dass Frauen gleich viel erreichen können wie Männer. Ich war eigentlich schon ein bisschen überrascht, dass in der Geschichte der Held eine Frau ist. Kann es vielleicht sein, dass eine Frau die Geschichte geschrieben hat? […] Also, wenn das ein Mann geschrieben hat, dann war er seiner Zeit schon voraus!»[9] Die weibliche Heldenfigur heben die befragten Jungen nicht hervor. Auf die Frage, wie er es findet, dass eine Frau den Heerführer umbringt, antwortet Oliver: «Eigentlich schon gut, denn früher hat man ja nie geglaubt, dass eine Frau das schaffen könnte. Früher hat man immer nur gedacht, dass Frauen schwach und nur für die Hausarbeit zuständig sind. Dass Judit dann gleich den Oberbefehlshaber und damit quasi das ganze Heer umbringt, das hätte man früher nicht geglaubt. Früher hätte man nicht geglaubt, dass eine Frau das schaffen würde.» I: «Und heute?» «Heutzutage werden Frauen schon anders eingeschätzt. Frauen machen heute Berufe, die früher nur Männer machen durften. Früher hat man halt noch anders gedacht. Ich finde es doof, dass man das früher so gemacht hat. Heutzutage ist es schon besser.»[10]

Drei Dimensionen von Geschlecht werden in diesen kurzen Auszügen deutlich: Das Geschlecht der Leser_innen wirkt mit bei der Auswahl der Gestalt des Textes, deren Perspektive sie übernehmen.

Deutlich wird die Wirkmacht androzentrischer Geschlechterkonstruktionen in der Wirkungsgeschichte der biblischen Texte. Die biblische Welt nehmen die Jugendlichen als patriarchale Welt wahr – dass auch Frauen «Heldinnen» sein können, ist für sie sehr überraschend.

2. Folgerungen für eine geschlechtssensible Bibeldidaktik in der Jugendtheologie:

Erstens müssen den Mädchen mehr Identifikationsmöglichkeiten angeboten werden. So könnten etwa in der Exodustradition auch Mirjam und die mutigen Hebammen Schifra und Pua ausdrücklich vorgestellt werden. Auch in den Erzelternerzählungen sollten die Erzmütter deutlicher und ihrer Rolle entsprechend einen Platz finden: die «genderfaire Exegese» hat die «Patriarchenerzählungen» neu gelesen und als wichtige Ergebnisse herausgestellt: Die Gesellschaft, in der diese Erzählungen verfasst wurden, war eine patriarchale Gesellschaft. Das beeinflusste die

8 A.a.O., 190.
9 A.a.O., 191.
10 A.a.O., 192.

Textgestalt. Deutlich gemacht wird aber auch, dass die traditionelle Exegese diese Texte nochmals mit einer androzentrischen Brille gelesen hat. So gelten die Erzählungen über die Väter als Volksgeschichte, jene der Frauen als «Trivialliteratur»[11]. Eine genderfaire Lesart der Texte macht demgegenüber aber deutlich: Vor allem die «Frauen der Patriarchen» sind es, die die Heilsgeschichte vorantreiben, es sollte von «Erzelternerzählungen»[12] gesprochen werden: «Die Mütter Israels sind keine ‹Hausmütterchen›. Sie sind die Gründerinnen Israels und der umliegenden Völker.»[13]

Zweitens muss die Jugendtheologie die Auslegungs- und Wirkungsgeschichte von biblischen Texten berücksichtigen und thematisieren, in die androzentrische Geschlechterkonstruktionen eingeschrieben sind. Besonders deutlich werden diese Einschreibungen an den Schöpfungserzählungen.

> «Wenn es *einen* Erzählzusammenhang der Bibel gibt, der explizit über Geschlechterfragen Auskunft geben will, dann ist es die sogenannte Urgeschichte und hier besonders der Anfang (Gen 1–3). Keine anderen Texte sind in den christlich-westlich geprägten Teilen der Welt für die Wahrnehmung und Normierung des Geschlechterverhältnisses so entscheidend geworden wie diese allerersten Seiten der Bibel mit ihren Erzählungen von Schöpfung und Paradies. Selbst die säkularen Gegenwartskulturen nutzen in vielfacher medialer Umsetzung, nicht zuletzt auch in der Werbung, das Figurenrepertoire und die Story von Gen 2–3. Für den binnenchristlichen Raum zeigt sich, angefangen von der neutestamentlichen Briefliteratur bis hin zur Erklärung des Vatikans über ‹Die Zusammenarbeit von Mann und Frau in der Kirche und in der Welt› aus dem Jahre 2004: Wer im Namen Christi bestimmte Strukturen des Geschlechterverhältnisses einprägen und begründen will, greift auf Gen 1–3 zurück.»[14]

Die Geschichte von Adam und Eva kennt jedes Kind (und Bilder dazu oft auch aus Kinderbibeln) – und meist in der Version, dass Adam zuerst geschaffen wurde. Auch Eva als Verführerin ist allen Jugendlichen bekannt – nicht zuletzt aus zahlreichen Werbekampagnen, die etwa «sündig gute Parfüms» mit den Motiven Frau/Schlange/Apfel bewirbt. Einige Mühe kostet es immer wieder Schüler_innen, Studierenden, aber auch Erwachsenen klar zu machen, dass im biblischen Text dies so nicht steht. Glücklicherweise gibt es mittlerweile Übersetzungen, die sehr nahe

11 Irmtraud Fischer, Ein gender-fairer Forschungsansatz mit feministischer Option für die alttestamentliche Exegese, in: dies., Gender-faire Exegese. Gesammelte Beiträge zur Reflexion des Genderbias und seiner Auswirkungen in der Übersetzung und Auslegung von biblischen Texten, Berlin u. a. 2004, 31–44, 39.

12 Irmtraud Fischer, Die Erzeltern Israels. Feministisch-theologische Studien zu Genesis 12–36, Berlin u. a. 1994.

13 A.a.O., 44.

14 Marie-Theres Wacker, Wann ist der Mann ein Mann – oder: Geschlechterdispute vom Paradiese her, in: Marie-Theres Wacker/Stefanie Rieger-Goertz (Hg), Mannsbilder. Kritische Männerforschung und theologische Frauenforschung im Gespräch, Münster u. a. 2006, 93–114, 93.

am Text sind und im Theologisieren mit Kindern und Jugendlichen gut eingesetzt werden können, z. B. die Nacherzählung in der Gütersloher Erzählbibel[15]: «Da handelte GOTT als TÖPFERIN, formte aus Lehm ein Menschenwesen und blies ihm göttlichen Atem in die Nase – so wurde das Menschenwesen lebendig.» Hier wird das hebräische Wortspiel mit Adam/Adamah hervorragend übersetzt.

Dies leitet auch über zum *dritten Punkt*, den eine gendersensible Jugendtheologie berücksichtigen sollte, wenn sie mit biblischen Texten arbeitet: Die biblische Welt beschreiben die Jugendlichen etwa bei Renner als sehr stark patriarchale Welt und stellen ihr die eigene, in der Männer und Frauen die gleichen Möglichkeiten haben, gegenüber. Die meisten Bibelübersetzungen sind in androzentrischer, Frauen mitmeinender Sprache verfasst. Wenn etwa immer nur von Jüngern die Rede ist, wird diese Welt aber noch deutlich patriarchaler dargestellt, als sie war. Wünschenswert wäre also der Einsatz von Übersetzungen, die – wenn immer es sachlich möglich ist – Frauen auch ausdrücklich benennen – etwa in den neutestamentlichen Texten jedes Mal auch die Jüngerinnen den Jüngern zur Seite stellt. Die Übersetzung der Bibel in gerechter Sprache[16] ist hier eine grosse Hilfe auch für die praktische Arbeit mit Jugendlichen.

Wir sehen also: feministische Theologie und die theologische Frauen- und Geschlechterforschung liefern viel «Material» für eine geschlechtersensible Bibeldidaktik, auch im Kontext der Jugendtheologie.

3. Jugendtheologie und feministische Theologie?

«Die erste Aufgabe dialogischer Bildung besteht auch für die Jugendtheologie darin, Jugendliche mit den vielfältigen und unterschiedlichen Gottesbildern des Alten und Neuen Testaments vertraut zu machen. Grösste Bedeutung muss zugleich aber der Aufgabe zukommen, die Gottesbilder der Jugendlichen wahrzunehmen und zur Geltung kommen zu lassen. Wie in unserer Darstellung bereits mehrfach deutlich geworden ist, liegt zwischen diesen Gottesbildern und der christlichen Tradition – zumindest in der Wahrnehmung der Jugendlichen selbst – häufig eine tiefe Kluft. Diese Tradition wird sich in ihrem produktiven Sinn nur erschliessen, wenn es gelingt, sie in ein Verhältnis der (kritischen) Auseinandersetzung mit den Gottesbildern der Jugendlichen oder auch anderen in der Gesellschaft wirksamen Vorstellungen zu bringen.»[17]

15 Diana Klöpper/Kerstin Schiffner (Hg), Gütersloher Erzählbibel. Mit Bildern von Juliana Heidenreich, Gütersloh 2004.

16 Ulrike Bail u. a. (Hg.), Bibel in gerechter Sprache, Gütersloh ^{3}2007.

17 Thomas Schlag/Friedrich Schweitzer, Brauchen Jugendliche Theologie? Jugendtheologie als Herausforderung und didaktische Perspektive, Neukirchen-Vluyn 2011, 119.

Hier anknüpfend wäre zu fragen, inwiefern auch feministisch-theologische Ansätze einzubeziehen sind oder einbezogen werden? Die Frage nach Gottesbildern und Gottesvorstellungen ist und war ja eine zentrale Frage der feministischen Theologie, die nach neuen Bildern und Vorstellungen gesucht hat.[18] Zu nennen wäre beispielsweise Dorothee Sölle, die als «Theopoetin» auch für Jugendliche ansprechende Gebete geschaffen hat, etwa in folgendem Text[19], der Gott als «Freundin» anspricht, gerade etwa für Mädchen eine der wichtigsten Beziehungen:

Gott, Du Freundin der Menschen

Gott, Du Freundin der Menschen,
lass mich nie ohne Freundin sein.
Lass mich geben, lehr mich, zu nehmen.
Zeig mir, wie ich trösten kann.
Gib mir die Freiheit Kritik zu üben.

Gott, Du Freundin der Menschen,
lass mich nie ohne Freundin sein.
Gib uns Raum, uns zu wehren,
und die Kraft, es ohne Gewalt zu tun.
Gib uns den langen Atem,
auch wenn die Zeit nicht in unseren Händen ist.
Gib uns das lange Lachen
im kurzen Sommer.

Gott, Du Freundin der Menschen,
lass mich nie ohne Freundin sein.
Wir gehen zu zweit los,
aber deinetwegen
sind wir immer schon mindestens drei,
auf dem Weg zum Brot,
das essbar ist, dem Wasser,
das niemand vergiftet hat.

Gott, Du Freundin der Menschen,
lass keine von uns ohne Freundin sein.

18 Einführend zur Debatte siehe z. B. das Kapitel «Gottesrede» in: Irene Leicht/Klaudia Rakel/Stefanie Rieger-Goertz (Hg.), Arbeitsbuch feministische Theologie. Inhalte, Methoden und Materialien für Hochschule, Erwachsenenbildung und Gemeinde, Gütersloh 2003, 85–108.

19 Aus: Dorothee Sölle, Erinnert euch an den Regenbogen, Verlag Herder, Freiburg i. Br. 1999, 155–156.

Ebenso zu erwähnen ist Carter Heyward, die in ihrer breit rezipierten «feministischen Theologie der Beziehung»[20] Gott als «Macht in Beziehung» beschreibt, wenn aus der Gruppe von 17- bis 23-jährigen Schüler_innen berichtet wird: «Auch wenn die meisten Schülerinnen und Schüler von Gott bzw. Macht als einem Gegenüber sprechen, so gibt es daneben auch eine Verinnerlichung Gottes: ‹Ich glaube, dass in uns etwas verborgen ist, eine Energie, eine Macht, Liebe … Ich glaube, dass die Macht und Energie aus uns strömen›, ‹Wenn Gott in dieser Welt wirkt, dann in den Köpfen der Menschen durch den Glauben und in der äusseren Welt durch die Taten dieser Menschen.›»[21]

Vielleicht können gerade auch Erkenntnisse und Ergebnisse der theologischen Frauen- und Geschlechterforschung dazu beitragen, die im obigen Zitat genannte «breite Kluft» zwischen Jugendlichen und der christlichen Tradition zu überwinden.

20 Carter Heyward, Und sie rührte sein Kleid an. Eine feministische Theologie der Beziehung, mit einer Einleitung von Dorothee Sölle, Stuttgart 1986.

21 Hartmut Rupp, Janine – ein Stück exemplarischer Theologie von Jugendlichen, in: Petra Freudenberger-Lötz/Friedhelm Kraft/Thomas Schlag (Hg.), «Wenn man daran noch so glauben kann, ist das gut». Grundlagen und Impulse für eine Jugendtheologie, Jahrbuch für Jugendtheologie 1, Stuttgart 2013, 97–106, 102f.

Welches Brot essen wir beim Abendmahl?

Empirische Rekonstruktion einer Auseinandersetzung Jugendlicher mit der Brotbitte

Kurt Schori

1. Einleitung

Was könnte es bedeuten, die Bibeldidaktik jugendtheologisch zu fundieren? Müsste man nicht eher fordern, die Jugendtheologie bibeldidaktisch zu fundieren? Was meinen wir überhaupt, wenn wir von Bibeldidaktik sprechen? Herkömmlicherweise versteht man darunter die Unterrichtsdidaktik, die Kinder und Jugendliche mit biblischen Texten ins Gespräch bringen will. Im Speziellen kann damit auch die Didaktik gemeint sein, die in einzelnen Bibeltexten oder in ganzen Gruppen von Bibeltexten zur Anwendung kommt, um die Botschaft bestimmten Adressaten zu vermitteln. Dabei war es immer eine zentrale Frage der Bibeldidaktik, was denn die Kinder und Jugendlichen selbst mit Bibeltexten anfangen, bzw. wie sie diese verstehen, was sie zu ihnen sagen und wie sie darauf reagieren. Diese Rezeptionsweisen sind in der Kindertheologie meines Erachtens weitgehend euphorisch beurteilt worden – als Äusserungen eigenständiger Subjekte. Ich habe das an mehreren Beispielen aufzuzeigen versucht.[1] Äusserungen von Kindern und Jugendlichen stammen immer aus der Kommunikation dieser Kinder mit den Erwachsenen. Deutungsmuster sind sozial vermittelte, d. h. gelernte Muster. Das scheint mir auch nicht problematisch zu sein. Es zeigt aber eine Problem der religionspädagogischen Forschung, welche selbst unter dem Diktat dogmatischer Aussagen und exegetisch abstrakter Zugriffsweisen gelitten hat, immer noch leidet und sich von diesem Diktat befreien möchte.[2] Und es zeigt vielleicht dahinterliegend ein Problem der Theologie- und Kirchengeschichte als einer Geschichte weitgehend autoritärer Institutionen und ebenso auch ein Problem der Zugänglichkeit biblischer Texte, welche man Kindern zumutet.

In diesem Kontext bewegt sich die folgende Studie. Obwohl in ihr und mit ihr die hier nur andeutungsweise genannten Probleme nicht direkt bearbeitet werden,

1 Kurt Schori, Gottesbild und Gotteserfahrung, Zur Praxis der empirischen Gottesbildforschung bei kleineren Kindern, ZPT 2, 2004, 164–174.

2 Ich halte diesen Hinweis für besonders wichtig, da die Religionspädagogik und die gesamte religionsdidaktische Arbeit nicht nur «unter dem Diktat dogmatischer Aussagen und exegetisch abstrakter Zugriffsweisen» von Seiten der Theologie leidet, sondern auch darunter, dass ihr zunehmend von nicht-theologischen Disziplinen wie z. B. der Religionswissenschaft solche dogmatischen Voraussetzungen und exegetisch abstrakte Zugriffsweisen bei der Arbeit unterstellt werden.

ist es doch wichtig, diesen Problemkontext dabei auch im Auge zu haben. Mein Interesse ist in erster Linie ein empirisches. Im Rahmen einer Pilotstudie, welche ich an der Pädagogischen Hochschule Bern durchführen konnte, interessierte mich die Frage, wie Kinder/Jugendliche mit religiösen Themen im Unterricht konfrontiert werden und wie sie sich damit auseinandersetzen. Zu diesem Zweck habe ich mehrere Unterrichtslektionen des schulischen und kirchlichen Religionsunterrichts videographisch dokumentiert und anschliessend mithilfe der dokumentarischen Analyse ausgewertet. Eine dieser Lektionen – eine Lektion mit Konfirmanden_innen – befasste sich mit dem Unservater – und speziell mit der Brotbitte *Unser tägliches Brot gib uns heute*. In meinem Beitrag wende ich mich der Auswertung dieses Unterrichts zu, in welchem Jugendliche «Bibel gelesen haben», um die Art und Weise der Rezeption biblischer Texte durch Jugendliche exemplarisch aufzuzeigen. Das Vorhaben muss als Ganzes relativ fragmentarisch bleiben. Bei der in den letzten Jahren sich stark entwickelnden empirischen Arbeit mit videographischen Dokumenten stellt sich ein grundsätzliches Problem in Bezug auf die Veröffentlichungen. Videoaufnahmen können aus Datenschutzgründen nicht ohne Weiteres der Öffentlichkeit zugänglich gemacht werden. Zudem sind die Auswertungsverfahren sehr aufwendig und erzeugen eine grosse Menge von Material, welches den zur Verfügung stehenden Platz in Veröffentlichungen in der Regel sprengt. Obwohl ich mich also beschränken muss auf eine eher ausschnitthafte Präsentation des Materials und mich auch im Blick auf die Fragestellung nur mit einigen Aspekten dieses Materials beschäftigen kann – in diesem Falle mit einigen Schüleräusserungen und besonders unter jugendtheologischem Gesichtspunkt –, werde ich im Folgenden trotzdem etwas ausführlicher über die methodische Vorgehensweise und die methodologischen Voraussetzungen des Projektes Auskunft geben.

2. Projekt, Fragestellung und Methodik

Beim genannten Projekt ging es mir nicht so sehr um die Absichten von Lehrpersonen, sondern um die Umsetzungen der Themen im Unterrichtsvollzug. Deshalb war die Studie als Unterrichtsforschungsprojekt angelegt und insofern Teil einer Praxisforschung oder Praxeologie, wie sie auch bezeichnet wird. Praxisforschung zeichnet sich dadurch aus, dass die Untersuchungen sich nicht an den Interpretationen und dem Selbstverständnis – den Intentionen – der handelnden Akteure und Akteurinnen orientieren, sondern die Handlungs- und Kommunikationspraxis und deren Muster rekonstruieren.[3] Wesentliche Grundlagenstudien zur Praxisforschung im Unterricht finden sich bei Georg Breidenstein[4] und speziell auf die Auswertung von Videoaufnahmen bezogen bei Monika Wagner-Willi[5]. Beide beziehen sich explizit oder implizit auf die wissenssoziologischen Studien von Karl Mannheim, welche dieser in den 20er-Jahren des letzten Jahrhunderts verfasst hatte.[6]

Für die Fragestellung stütze ich mich auf die grundlegende Studie von Gabriele Faust-Siehl (1987), in welcher sie die *Themenkonstitution als Problem von Didaktik und Unterrichtsforschung* untersuchte,[7] so wie sie dann z. B. von Annike Reiss und inzwischen auch von anderen in der Unterrichtsforschung im Religionsunterricht angewendet wurde.[8] Gabriele Faust-Siehl hat darauf insistiert, dass Themen praxeologisch, d. h. im Vollzug der Unterrichtspraxis konstituiert werden und deshalb vorgeschlagen, dass die Unterrichtspraxis als Themenkonstituierungsprozess analysiert werden muss. In eine ähnliche Richtung ausserhalb der Religionsdidaktik arbeiten heute verschiedene Autoren und Autorinnen z. B. im Sachunterricht.[9]

3 Vgl. Andreas Reckwitz, Grundelemente einer Theorie sozialer Praktiken. Eine sozialtheoretische Perspektive, Zeitschrift für Soziologie 32/4, 2003, 282–301.

4 Georg Breidenstein, Schulunterricht als Gegenstand ethnographischer Forschung, in: Bettina Hühnersdorf u. a. (Hg.), Ethnographie und Erziehungswissenschaft. Methodologische Reflexionen und empirische Annäherungen, Weinheim 2008, 107–117; ders., Einen neuen Blick auf schulischen Unterricht entwickeln. Strategien der Befremdung, in: Friederike Heinzel u. a. (Hg.), «Auf unsicherem Terrain». Ethnographische Forschung im Kontext des Bildungs- und Sozialwesens, Wiesbaden 2010, 205–216.

5 Monika Wagner-Willi, Videointerpretation als mehrdimensionale Mikroanalyse am Beispiel schulischer Alltagsszenen, Zeitschrift für qualitative Bildungs-, Beratungs- und Sozialforschung 1, 2004, 49–66; dies., Zwischen Vorder- und Hinterbühne. Rituelle Übergangspraxis bei Kindern von der Hofpause zum Unterricht. Eine empirische Analyse in einer Berliner Grundschule, Wiesbaden 2005; dies., Videoanalysen des Schulalltags. Die dokumentarische Interpretation schulischer Übergangsrituale, in: Ralf Bohnsack u. a. (Hg.), Die dokumentarische Methode und ihre Forschungspraxis. Grundlagen qualitativer Sozialforschung, Wiesbaden ²2007, 121–140.

6 Karl Mannheim, Strukturen des Denkens, hg. von David Kettler, Volker Meja und Nico Stehr, Frankfurt 1980.

7 Gabriele Faust-Siehl, Themenkonstitution als Problem von Didaktik und Unterrichtsforschung, Weinheim 1987.

8 Annike Reiss, Die Religionsstunde aus der Sicht einzelner Schüler/innen. Empirische Untersuchungen aus der Sek II, Beiträge zur Kinder und Jugendtheologie 1, Kassel 2008.

9 Marcus Rauterberg/Gerold Scholz, Die Welt im Bild. Anmerkungen zur Gegenstandskonstitution des Sachunterrichts, Zeitschrift «online-grundschulforschung» 6, 2002, Nachdruck widerstreit-sachunterricht.de 0, 2003, http://www.widerstreit-sachunterricht.de (Zugriff am 11.8.2014); Jutta Wiesemann, Die Auseinandersetzung mit Sachen als schulische Lernaufgabe, www.widerstreit-sachunterricht.de 2, 2004, http://www.widerstreit-sachunterricht.de (Zugriff am 11.8.2014); dies., «Handwerk des Lernens». Zum kulturellen Selbstverständnis schulischen Lernens im Sachunterricht, in: Hartmut Giest/Roland Lauterbach/Brunhilde Marquart-Mau (Hg.), Lernen und kindliche Entwicklung. Elementarbildung und Sachunterricht, Bad Heilbrunn 2009, 269–276; Hartmut Giest/Roland Lauterbach/Brunhilde Marquart-Mau (Hg.), Lernen und kindliche Entwicklung. Ele-

Kameraethnographische Arbeiten[10] gehen dabei noch einen wesentlichen Schritt weiter als bis zur einfachen Dokumentation eines Unterrichts mit Hilfe einer Videoaufnahme: Sie verwenden die Kamera selbst als Forschungsinstrument, um damit Prozesse sichtbar zu machen, die sonst der Aufmerksamkeit entgehen. Diesem Interesse liegt dabei die Wahrnehmung und These zugrunde, dass Gegenstände, Themen und Dinge im Unterricht nicht in derselben Weise wie z. B. in der Wissenschaft zur Sprache oder zur Bearbeitung kommen, sondern durch die Verwendung im Unterricht *eine wesentliche Veränderung und Neukonstituierung erfahren* und einem ganz eigenen Zuschnitt ausgesetzt sind. Dieser Zuschnitt wird oft auch von den Unterrichtenden selbst nicht durchschaut, weil er über Lehrmittel, Arbeitsblätter und vorgefertigte Aufgabenstellungen in den Unterricht eingetragen wird. Deshalb lässt sich die Frage, wie Themen und Gegenstände im Unterricht konstituiert und wie die Schüler und Schülerinnen damit konfrontiert werden, nicht über Interviewerhebungen untersuchen, sondern nur über eine Unterrichtsforschung, wie sie in der erziehungswissenschaftlichen Ethnographie durchgeführt wird – eben in einer Praxisforschung.

Die Fragestellung beinhaltet folgende Unterfragen, mit Hilfe derer die Lektionen speziell analysiert werden:

- Wer setzt die Fragen/Themen?
- Welche Fragen werden weiter verfolgt im Unterricht? (Welcher Selektionsmechanismus kommt zum Zuge?)
- In welchen Aufgabenstellungen wird den Schülern und Schülerinnen ein Zugang zum Thema angeboten oder zugemutet?
- Wie werden die Schülern und Schülerinnen damit konfrontiert? (Mit welchen Aufgabenstellungen?)
- Welchen Raum haben sie, um sich mit den Themen und Fragen auseinanderzusetzen?
- In welcher Rolle werden sie angesprochen?
- Mit welchen Impulsen und Strategien wird der Unterricht als kommunikatives Geschehen geleitet, geführt, vorwärtsgetrieben?

Für die Auswertung habe ich mit der *Dokumentarischen Analyse* gearbeitet. Die *Dokumentarische Analyse* ist ein praxeologisches Verfahren, das den Anspruch

mentarbildung und Sachunterricht, Bad Heilbrunn 2009; Jochen Lange/Friederike Wille, Raumbezogenes Lernen im Sachunterricht der Grundschule, in: Hildegard Schröteler-von Brandt/Thomas Coelen/Andreas Zeising/Angela Ziesche (Hg.), Raum für Bildung. Ästhetik und Architektur von Lern- und Lebensorten, Bielefeld 2012, 267–275.

10 Vgl. die Arbeiten des Zentrums für Kamera-Ethnographie in Berlin unter der Leitung von Bina Elisabeth Mohn, http://www.kamera-ethnographie.de (Zugriff am 12.8.2014), welches mithilfe von Videoaufnahmen Gegenstandskonstitutionsprozesse im Unterricht dokumentiert.

erhebt, das Wissen zu rekonstruieren, welches den Akteuren in einer sozialen Situation zur Verfügung steht. Es handelt sich um ein «Wissen wie»[11]. Dabei geht die *Dokumentarische Analyse* davon aus, dass es eine Differenz zwischen den bewussten Handlungsabsichten der Teilnehmenden in einer sozialen Situation und dem von ihnen in dieser Situation angewandten praktischen «Wissen wie» gibt. Das «Wissen wie» ist in der Regel nicht bewusstseinsfähig. Es wird in zwei oder drei Durchgängen rekonstruiert – durch eine formulierende, dem Verlauf folgende Interpretation und durch eine reflektierende, die Schritte des Verhaltens situierende Interpretation und gegebenenfalls durch Kontrastierung bzw. Typenbildungen. Da dieses «Wissen wie» die Art und Weise ist, wie die Teilnehmenden ihre Situationen praktisch weiterentwickeln, kann sich die *Dokumentarische Analyse* nicht auf die reflektierten Interaktionsabsichten der Teilnehmenden stützen. Sie arbeitet deshalb auf der oben erwähnten Basis der Mannheimschen Wissenssoziologie das handlungsleitende Wissen aus dem Verhalten der Teilnehmenden einer sozialen Situation heraus. Dieses Wissen besteht in gestischen und sprachlichen Strukturen, mit Hilfe derer die anstehende Situation gelöst, bearbeitet und weiterentwickelt wird. Als eine solche Situation begreife ich auch den schulischen oder kirchlichen Religionsunterricht. Es interessiert mich die Art und Weise, wie im Religionsunterricht konkret die thematischen Strukturen aufgebaut, entwickelt und weiterentwickelt werden. Die *Dokumentarische Analyse* wurde in letzter Zeit auch und immer wieder auf videographisch dokumentierte soziale Situationen und insbesondere auch

11 «Wissen wie» ist in der Praxisforschung ein Terminus technicus und wird für alle Formen oder Muster des Verhaltens von Menschen in einer sozialen Situation verwendet. Es kann sich dabei um ein rituelles, gestisches oder verbales Wissen handeln. Dass der weitaus grösste Teil unseres sozialen Verhaltens – der Bewältigung sozialer Situationen – durch ein solches nicht unbedingt bewusstes «Wissen wie» bestimmt ist, war eine der grossen Entdeckungen von Karl Mannheim (1981), welche er unter dem Terminus «konjunktive Erfahrung» gefasst hat. Konjunktive Erfahrungen sind Erfahrungen, die Übereinstimmung in der Orientierung, Praxis, Zielsetzung und Sinngebung eines Verhaltens voraussetzen. Es sind geregelte Verhaltensweisen, «wie man etwas tut», «wie man sich verhält», ohne dass sie Resultate von «gehorsamem Erfüllen von Regeln» sind. Sie setzen also das Einverständnis voraus. Demgegenüber sind «kommunikative Erfahrungen» Erfahrungen der Differenzierung. Typische kommunikative Erfahrungen sind z. B. Rollenverteilungen in einer Institution, Geschlechterdifferenzierungen, hierarchische Differenzierungen, Machtdifferenzierungen, Zugehörigkeitsdifferenzierungen. Hier werden Regeln differenziert, kommuniziert, vermittelt installiert. In «konjunktiven Erfahrungen» hingegen findet eine Einbindung statt, die durch Übereinstimmung und Gleichstellung bestimmt ist. Eines der Beispiele, welches Mannheim dafür gibt, ist der Kinderspielplatz und das «Wissen wie» man diesen verwendet. Die Verwendung des Kinderspielplatzes ist ein von den Kindern geteiltes Wissen, welchem sich alle zwanglos unterordnen. Ein schönes Beispiel der Entwicklung dieses «Wissens wie» bez. rituellem Wissen findet sich bei Theodore W. Jennings Jr., Rituelles Wissen, in: Andrea Belliger und David J. Krieger (Hg.), Ritualtheorien. Ein einführendes Handbuch, Wiesbaden 2013, 155–170.

in der Unterrichtsforschung angewendet.[12] Diese Vorgehensweise – Erhebung mittels videographischer Dokumentation und Auswertung mittels *Dokumentarischer Analyse* – ermöglicht eine Verlangsamung des Wahrnehmungsprozesses durch eine immer wiederholbare Bezugnahme auf das dokumentierte Material.[13] Dadurch können Interpretationsmuster entdeckt werden, welche sonst der Aufmerksamkeit entgehen.

3. Die Anlage der Lektion

Beim analysierten Videoband handelt es sich um einen evangelisch-reformierten Konfirmationsunterricht in einer Vorortgemeinde von Bern, der von einer Vikarin durchgeführt wurde. Der Unterricht ist auf die Zeit des Vikariats beschränkt und beinhaltete den Auftrag, das Unservater mit den Konfirmanden anzuschauen. Der kirchliche Unterricht ist im Kanton Bern vollständig vom Schulunterricht getrennt. Er findet in der Regel im Kirchgemeindehaus statt, so auch diese Lektion. Die LP bearbeitete das Thema, indem sie das Gebet Bitte für Bitte auf die Lektionen verteilte. Das Thema der videographierten Lektion bezog sich auf die Bitte *Gib uns unser tägliches Brot.*

Eine recht lange Zeit nehmen zu Beginn der Stunde organisatorische Fragen in Anspruch. Daraufhin eröffnet die LP – sichtlich unter Zeitdruck – den thematischen Teil der Lektion mit einer Wahrnehmungsübung. Die SuS sollen die Augen schliessen, sie verteilt ihnen Brot, fordert sie auf, dieses mit geschlossenen Augen zu betasten, zu riechen, zu spüren – sinnlich wahrzunehmen – und dann zu essen. Während des Essens vertieft sie die Anweisung: die SuS sollen nun ihre Aufmerksamkeit darauf legen, was ihnen beim Essen in den Sinn kommt. Sie bittet die SuS anschliessend das, was ihnen in den Sinn kommt, aufzuschreiben und dann im Gespräch einzubringen. An der Wandtafel ordnet sie die Beiträge der SuS unter den zwei Stichwörtern Brot und Rose, wobei sie die Systematik, die sie damit verbindet, nur rudimentär erläutert mit «das andere», das was mit dem Brot «auch noch gemeint sein könnte». Diese Unklarheit schafft in der Folge grosse kommunikative Probleme. Es ist unklar, ob die Unterscheidung Alltägliches gegen Festliches setzt,

12 Vgl. dazu die oben bereits genannte Literatur von Monika Wagner-Willi (Anm. 5). Grundsätzlich dazu Matthias Herrle/Jochen Kade/Sigrid Nolda, Erziehungswissenschaftliche Videographie, in: Barbara Friebertshäuser/Antje Langer/Annedore Prengel (Hg.), Handbuch Qualitative Forschungsmethoden in der Erziehungswissenschaft, Weinheim 2010; Jörg Dinkelaker/Matthias Herrle, Erziehungswissenschaftliche Videographie. Eine Einführung, Wiesbaden 2009. Für den Religionsunterricht muss man wohl generell festhalten, dass die praktische Forschungsarbeit mit Videomaterial bisher noch kaum gemacht wurde. Hier besteht ein grosses Forschungsdefizit.

13 «Videodaten ermöglichen es, eine begrenzte Menge gleichzeitig auftretender Ereignisse, von denen sich manche im Zeitverlauf aufeinander beziehen, beschleunigt, verlangsamt und wiederholt zu betrachten und zu analysieren.» Herrle/Kade/Nolda, Erziehungswissenschaftliche Videographie (Anm. 12), 599.

Elementares gegen Luxus, Konkretes gegen Symbolisches oder Körperliches gegen Geistig-Emotionales. Das führt dazu, dass die Unterordnung der Beiträge unter die Kategorien Brot und Rose die SuS immer wieder verwirrt, da sie offensichtlich von einzelnen von ihnen – und auch von der LP – unterschiedlich verstanden wird. Die Unklarheit geht so weit, dass die LP eine weitere Kategorie, die sie als Mitte bezeichnet, einführen muss, um gewisse Äusserungen der SuS unterzubringen. Sie ist dann bemüht, die Redebeiträge der SuS zur Thematik in den Unterricht einzubeziehen, sie aufzunehmen und festzuhalten. Dabei wird im Verlaufe des Gesprächs sichtbar, dass der Sinn der Kategorisierung Brot/Rosen darin besteht, zu zeigen, dass mit dem Brot durchaus unterschiedliche Ebenen der Bedeutung angesprochen werden können: Konkrete, aber auch symbolische, tieferliegende und existenziellere. Die SuS nutzen diesen Assoziationsraum im Gespräch auch ausgiebig aus und entwickeln ganz unterschiedliche Deutungsformen und Deutungshintergründe für die Interpretation der verschiedenen Aussagen zum Brot. Die LP interveniert im späteren Teil der Lektion erheblich, um gewisse eigene Deutungen festzuhalten und durchzusetzen, nichtsdestotrotz aber lassen sich die SuS davon nicht beirren, sie entwickeln weiterhin eigene Fragen und Deutungen und tragen diese auch in einer unverblümten Art vor. Selbstverständlich müsste und muss man, um die Dynamik des Gesprächs nachvollziehen zu können, Verlauf und Entwicklung des ganzen Gesprächs im Auge haben. Bevor ich auf einige spezielle Äusserungen von SuS eingehe, möchte ich deshalb meinen eigenen Eindruck des Gesprächs festhalten: Im Ganzen handelt es sich um eine Auseinandersetzung über die Deutungshoheit im Blick auf das Symbol Brot oder noch spezifischer im Blick auf das Symbol Brot im Abendmahl – und deshalb geht es in diesem letzten Teil des Gesprächs auch zugleich um eine Auseinandersetzung im Blick auf das Abendmahl selbst.

4. Einige Antworten von Schüler_innen auf die Frage, welches Brot wir beim Abendmahl essen

Ich möchte im Folgenden vier Redebeiträge der Jugendlichen vorstellen und etwas genauer betrachten. Sie stammen alle aus dem letzten Teil des Gesprächs. Im Gesprächsverlauf nehmen die Redebeiträge der SuS an Komplexität zu, und die Interpretationen werden immer gewagter. Ein Schüler z. B. verweist darauf, dass die Rose auch Dornen habe, die stechen könnten – und das sei vielleicht wie in einer Freundschaft, in welcher man Vertrauen habe und plötzlich erkennen müsse, dass «der Freund» das Vertrauen gar nicht verdiene, gar kein wirklicher Freund sei. Auf diese kurze Diskussion folgt eine Äusserung von D.:

> «Früecher het me gseit, ehm, ds Brot isch ds Läbe vo Christi, auso es isch das, wo me eifach brucht, aber hüt isch das meh, ehm, Zwöitiklass-Brot, auso es git eifach scho viu Bessers. Es isch nüm so …»

> *«Früher sagte man, ehm, das Brot ist das Leben von Christus, also ist das, was man einfach braucht, aber heute ist das mehr, ehm, Zweiteklasse-Brot, also es gibt schon viel besseres. Es ist nicht mehr so …»*

Mit dieser Bemerkung kommt das Gespräch durch die Antwort der LP auf das Abendmahl:

> «… als der ‹Leib Christi›? Das het me nid nume früecher gseit, das seit me no hüt! Wenn seit me das, wenn seit me am Brot ‹Leib Christi›, wüsst der das?»

> *«… als der ‹Leib Christi›? Das hat man nicht nur früher gesagt, das sagt man auch heute noch! Wann sagt man das, wann sagt man zum Brot ‹Leib Christi›, wisst ihr das?»*

Im Rahmen dieses Abschnittes stelle ich jetzt aus dem Gespräch drei weitere Redebeiträge der SuS heraus, die ich genauer befragen möchte. Der zweite Redebeitrag ist eine Antwort auf die Frage, welches Brot denn nun hier gemeint sei, also unter welche Kategorie das Brot als Leib Christi einzuordnen sei – ob unter die Kategorie Brot oder unter die Kategorie Rosen.

A: «Auso z Psychiatrische, ds Psychische».
(Einige lachen, F. greift sich an den Kopf.)
X: «Haha, ds Psychiatrische!»
Jemand: «Nei!»
Einige: «Beides.»
A: «Mi dünkts ender … ehm ender ds Brot, aber äbe nid, äbe so wi nis vori ha beschribe.»
D: (leise, während A. spricht): «Itz si mer abgwiche, itz si mer abgwiche.»
A: «Nid dass mes isst, sondern dass me so chli (gestikuliert vage), auso ender … auso äbe nid körperlech, süsch. Dür das Brot, dür das Bitzi nimmt me ds Andere uf, irgendwie so.»

A: «Also das Psychiatrische, das Psychische.»
(Einige lachen, F. greift sich an den Kopf.)
X: «Haha das Psychiatrische!»
Jemand: «Nein!»
Einige: «Beides.»
A: «Ich finde eher … ehm eher das Brot, aber eben nicht, eben so wie ich es vorhin beschrieben habe.»
D: (leise, während A. spricht) «Jetzt sind wir abgewichen, jetzt sind wir abgewichen …»
A: «Nicht dass man es isst, sondern dass man so ein wenig (gestikuliert vage), also eher … also eben nicht körperlich, auf die andere Weise. Durch das Brot, durch dieses ‹Stückchen› nimmt man das Andere auf, irgendwie so.»

Der dritte Redebeitrag folgt auf eine Erläuterung der LP hin, die ein zweites liturgisches Elemente ins Spiel bringt und sagt, dass wir uns im Abendmahl an das erinnern würden, was Jesus für die Menschen gesagt und gewollt habe, und sie ergänzt diese Aussage mit einem Beispiel: «Ich bin das Brot des Lebens». Wiederum möchte sie wissen, in welche Kategorie dieses Brot denn jetzt gehöre. Daraufhin meldet sich C. mit der Aussage:

C: «Auso mir bruche ihn eifach, auso für ds Läbe, dass mer witerchöme. Auso es isch eigentlech es Sinnbiud, das ‹Ich bin das Brot des Lebens›».
LP: «Mhm. Het er o nid gmeint, das wo mer ässe?»

C: «Also wir brauchen ihn einfach, also für das Leben, damit wir weiterkommen. Also es ist eigentlich ein Sinnbild, das ‹Brot des Lebens›».
LP: «Mhm. Hat er auch nicht gemeint, dasjenige, das wir essen?»

Und der vierte Redebeitrag entwickelt sich aus einer Bemerkung von A., die sagt, dass ihr das Sprichwort *Harte Schale – weicher Kern* in den Sinn gekommen sei, und dass sie das aufs Brot beziehen möchte, das ja auch eine Rinde habe und im Innern weich sei. Damit kommt eine neue Dimension in den Blick, die Dimension der Schutzbedürftigkeit, die aber in der Folge wieder vermischt wird mit der Frage, ob wir ausschliesslich von der Rinde leben könnten oder ob wir nicht das Innere auch bräuchten, den weichen Kern. Eine Interpretation liefert dann B.:

B: «Auso ds Brot, dert isch … ds Innere isch der Luxus, auso der Chärn, das isch der Luxus vilech. Und d Schale, das müesse mer nä, o. Me cha ja nid nume der Luxus inne ässe, sondern d Schale o. Ds Brot isch ja äs Ganzes.»
LP: «Ah, das isch sehr es schöns Biud, ja. Mhm. (kurze Pause) Auso mir chönnte … Aber nume vom Rauft chönnte mer nid läbe, oder doch?»
(J. und C. unterhalten sich leise während B. spricht.)
B: «Ja me chönnti scho. Doch vom Rauft chönnte mer nume läbe. U das ir Mitti, das isch när eifach no der Luxus.»

B: «Also das Brot. Dort ist … das Innere ist der Luxus, also der Kern, das ist der Luxus, vielleicht. Und die Rinde, das müssen wir auch nehmen. Man kann ja nicht nur den Luxus essen, sondern die Rinde auch. Das Brot ist ein Ganzes.
LP: «Ah, das ist ein sehr schönes Bild, ja. Mhm. (kurze Pause) Also wir könnten … aber nur von der Rinde könnten wir nicht leben, oder doch?»
(J. und C. unterhalten sich leise, während B. spricht.)
B: «Ja, man könnte schon. Doch, nur von der Rinde könnte man schon leben. Aber die Mitte, das ist dann noch der Luxus.»

Was wird in diesen vier Redebeiträgen der SuS nun eigentlich formuliert? Um das ein wenig besser sichtbar zu machen, kommentiere ich:

D. stellt mit seinem Beitrag die Symbolkraft des Brotes infrage. Er moniert, dass das Brot nicht mehr das Leben zu symbolisieren vermöge, weil es für uns eine untergeordnete, eine zweitklassige Bedeutung bekommen habe. Wenn wir also etwas möchten, das wirklich das zu symbolisieren vermag, was wir unbedingt brauchen – worauf wir unbedingt angewiesen seien -, dann müsste das etwas anderes sein als das Brot. Diese Argumentation erinnert an die Diskussion um das fragmentierte Symbol, welche in der Religionspädagogik vor allem im Anschluss an Peter Biehls Form der Symboldidaktik breit geführt wurde. Inwiefern werden Symbole nur noch als Symbolfragmente wahrgenommen? Wer ist verantwortlich für die reduzierten Formen symbolischer Kommunikation? Wie zeitgemäss sind die verwendeten Symbole in oft zur Fixierung tendierenden kirchlichen Traditionen?

Eine der interessantesten Äusserungen finde ich diejenige von A., die auf die Frage, welches Brot im Abendmahl gemeint sei, sagt: «Das Psychiatrische, das Psychische.» Das ist nur scheinbar eine Stellungnahme für eine der beiden Seiten – wie sich im Fortgang zeigt, will sie damit etwas Präziseres sagen, das ihr verbietet, die Kategorisierung Brot/Rose der LP aufzunehmen und zu akzeptieren. Aufgrund der Interventionen der LP und der anderen SuS fühlt sie sich genötigt, ihre Aussage zu präzisieren. Sie fasst ihren Gedanken suchend in die Worte, dass das Brot, das da gemeint sei, dasjenige sei, von dem man einen kleinen Bissen esse und damit das «Andere» aufnehme, das es symbolisiere. Damit stellt sie das Problem in den Raum, wie es denn möglich sei – und für sie selbst nicht nachvollziehbar –, dass man durch die Teilnahme am Abendmahl zugleich an der Rettung des Lebens teilhabe. Oder etwas allgemeiner formuliert: Wie es zu verstehen sei, dass die materielle Einverleibung eines kleinen Stückchens des Nahrungsmittels Brot eine seelische, psychische oder geistliche Wirkung haben könne, bzw. die Menschen am Heil der Welt teilhaben lassen könne. Eine Frage, die ganze Theologengenerationen beschäftigt hat und die ein nicht unwesentlicher Punkt in der Auseinandersetzung zwischen katholischem und reformiertem Abendmahlsverständnis darstellt. Eine der für mich interessantesten Erörterungen dieser Frage findet sich bei Mary Douglas in ihrem Buch Ritual, Tabu und Körpersymbolik.[14] A. findet aber nicht nur suchend eine Formulierung für das Geheimnis des Abendmahls, sondern macht damit auch ein konkretes Deutungsangebot, das in ihrer Formulierung implizit enthalten ist: die Teilnahme am Abendmahl als magische Handlung. So interpretiert M. Douglas an der genannten Stelle das Abendmahl spezifisch im katholischen Setting, wohl wissend, dass sie damit ganze Deutungszusammenhänge katholischer Theologie ins Wanken bringt.

C. antwortet auf die Frage, welches Brot in der Aussage «Ich bin das Brot des Lebens» gemeint sei, ebenfalls nicht auf die Aufforderung, «welches Brot hier gemeint sei», sondern gibt ein konkretes Deutungsangebot, wie eine solche Aussage

14 Mary Douglas, Ritual, Tabu und Körpersymbolik. Sozialanthropologische Studien in Industriegesellschaft und Stammeskultur, Frankfurt a. M. 1981, 58–78.

wie «Ich bin das Brot des Lebens» überhaupt zu verstehen sei. Sie sagt, es handle sich um ein Sinnbild. Auch damit formuliert sie eine bekannte bildhermeneutisch hochinteressante und breit diskutierte Thematik: Ein Bild ist eine mögliche Darstellungsweise, um einen komplexen Sachverhalt auf einen Blick zum Ausdruck zu bringen. Das Sinnbild «Ich bin das Brot des Lebens» bringt also unsere Angewiesenheit auf Jesus zum Ausdruck und stellt mithilfe eines Bildes den komplexen Sachverhalt der Heilsbedeutung Jesu dar; C. kann das präziser formulieren, als es durch die suggestive Einteilung in Brot und Rosen möglich ist.

B. greift mit seiner Reaktion – ich habe es bereits gesagt – nochmals das Problem *Harte Schale – weicher Kern* auf und gibt ihm eine interessante Wendung. Nämlich so, dass das weiche Innere nicht die Verletzlichkeit, sondern den Luxus darstelle, der nicht ohne die harte Schale zu haben sei. In dieser Deutung wird das Brot als eine Symbolik des Lebens aufgefasst. Das Leben enthält alltäglich-mühsame, widerständige und banale Seiten, es enthält aber auch genuss- und freudvolle Seiten. Seine Formulierung stellt deshalb die Frage nach der Verhältnisbestimmung dieser beiden Seiten. Die Rückfrage der LP, ob wir nur von der Rinde allein auch leben könnten, steht deshalb hier etwas quer im Raum. Natürlich könnte man von der Rinde allein auch leben, aber das ergibt nicht viel Sinn. Dass der Schüler darauf keine rechte Antwort weiss, ist verständlich. Das Deutungsangebot des Schülers besteht ja gerade darin, das innere und äussere des Brotes (und damit das Leben) als Einheit zu fassen, die nicht getrennt werden kann. Er will damit zum Ausdruck bringen, dass auch die angenehmen Seiten des Lebens nicht ohne Anstrengung und ohne Mühe zu haben seien. Deshalb formuliert er, nur mit Mühe und Anstrengung könne man zwar auch leben, aber das in der Mitte sei eben noch der Luxus – womit hier wohl das Schöne und Angenehme gemeint ist, das wofür sich das Leben erst lohnt. Zum Leben gehört beides; jedoch stellt das Genüssliche und die Freude doch den Sinn des Lebens dar. Damit ist durch die Schüleräusserung implizit ein präzises Problem formuliert, nämlich die Frage, «wozu es sich zu leben lohnt», eine Problemstellung, die noch weit über die Abendmahlsfrage hinausgeht und die für einen der bedeutenderen heutigen deutschsprachigen Philosophen vor einigen Jahren sogar zu einem Buchtitel Anlass gegeben hat.[15] Pfaller weist der Unterscheidung zwischen der Banalität des Alltags, dem Mühsamen, dem Zweckorientierten auf der einen Seite und dem Spielerischen und Genussvollen, den Formen des Handelns, die nicht intentional gebunden sind – als Beispiel dient ihm hier in erster Linie das Spiel – eine grundlegende kulturbildende Funktion und Bedeutung zu. Und er entdeckt, dass die Verdrängung des Genussvollen und Attraktiven aus dem Leben der heutigen Gesellschaft direkt verbunden ist mit dem Verlust dessen, «wozu es sich zu leben lohnt».

15 Robert Pfaller, Wozu es sich zu leben lohnt. Elemente materialistischer Philosophie, Frankfurt a. M. 2011.

5. Fazit

Die Schüler und Schülerinnen formulieren auf dem Hintergrund des didaktischen Arrangements, das die LP in der Klasse anwendet – und auf dem Hintergrund der Aufgabenstellung, mit welcher sie konfrontiert werden – vier grundsätzliche Probleme der theologischen Diskussion. Sie formulieren sie sogar in einer Tiefe und Präzision, welche die LP gar nicht im Blick hat und deshalb wohl auch im Wesentlichen überhört.

Aber ich bin vorsichtig mit Kritik an der Lehrperson, denn als Didaktiker muss ich berücksichtigen, dass die Stundenanlage und die Kommunikationsstruktur so waren, dass diese SuS eben diese Probleme auch zu formulieren vermochten. Wenn ich die Resultate der Stunde betrachte, auch wenn sie erst in der Analyse wirklich zur Geltung kommen und in der Lektion nicht festgehalten wurden, dann bin ich vom Erreichten doch sehr angetan. Diskutiert worden sind bereits in diesem ausgesonderten kurzen Gesprächsabschnitt die folgenden Fragen:

Probleme der Symbolhermeneutik:
- Was meinen wir eigentlich mit «Bedürftigkeit» – was sind die unbedingt notwendigen Dinge?
- Wie sind Sprachbilder wie z. B. «Ich bin das Brot des Lebens» zu verstehen? Was bedeuten sie?
- Und welche Probleme entstehen dadurch? (Sind sie angemessen, zeitgemäss, veraltet?)

Probleme des Abendmahlsverständnisses:
- Worum geht es im Abendmahl? Und was ist mit Heilsvermittlung gemeint?
- Wie ist im Speziellen das Verhältnis von Erinnerung und Teilnahme bzw. Teilhabe zu verstehen?
- Damit zusammen hängt auch die Frage: Sind wir auf die Teilnahme am Abendmahl angewiesen, um am Heil teilhaben zu können?

Angebote der Symbolisierungskraft des Brotes:
- Symbolisiert das Brot nicht eher – als das, was Menschen unbedingt benötigen – die Verletzlichkeit des menschlichen Lebens und damit die unbedingte Notwendigkeit, dass wir darauf angewiesen sind, unser Inneres zu schützen?
- Oder symbolisiert das Brot in erster Linie, dass auch mit der Deckung der grundlegenden Bedürfnisse noch kein wirkliches Leben, noch keins, das sich zu leben lohnt, erreicht ist?

Ich habe mit dieser Aufzählung sicher nicht alle aufgeworfenen Probleme formuliert. Es ist jedoch überraschend, wie klar die Jugendlichen die in der konfessionellen Diskussion um das Abendmahl und in der symbolhermeneutischen und symboldidaktischen Diskussion diskutierten Probleme empfinden und zu formulieren vermögen.

Was kann man in Bezug auf die Eingangsfrage nach der «jugendtheologischen Fundierung» der Bibeldidaktik daraus schliessen?

Meine Schlussfolgerungen sind eher skeptisch – ich habe es schon angedeutet. Es kommen hier Jugendliche zu Wort, die ihre Fragen zu formulieren vermögen. Mit ein bisschen mehr Bewusstsein für das kinder- und jugendtheologische Vorgehen wäre es möglich gewesen, die Probleme in der Stunde besser zu konstatieren und festzuhalten. Aber es zeigt sich auch, dass die Probleme, die sich hier gestellt haben, in der Theologie keineswegs unbekannt sind. Es handelt sich im Gegenteil bei den formulierten Problemen um solche, welche in den Ritual- und Symboldiskussionen, in der systematischen und exegetischen Diskussion – und hier insbesondere in der interkonfessionellen Debatte – auch formuliert wurden und werden. Diese Probleme haben mit der «Sache», d. h. mit der Thematik zu tun. Die Thematik ist, welche Rolle Symbole in der Kommunikation der Menschen spielen – hier am Beispiel des Symbols Brot unter besonderer Berücksichtigung des Abendmahls oder Wandlungssymbols.

Was man allerdings sagen kann, ist, dass die Jugendlichen ein klareres Problembewusstsein haben als die Lehrperson in diesem Moment. In dieser Lektion besteht meines Erachtens ein Konflikt zwischen einer kategorisierenden Dogmatik der Lehrperson – die vermutlich bereits in der Aufteilung Brot und Rosen zum Ausdruck kommt – und den Problemen, welche die SuS immer wieder zu formulieren versuchen: Probleme, die sie mit der Sache, dem Brot und dem Abendmahl haben.

In der Auseinandersetzung mit D. bezüglich der Frage, ob wir vom Brot allein leben könnten – also in der scheinbar direkten Opposition der biblischen Formulierung, dass der Mensch nicht vom Brot alleine lebt – mutet D. der Lehrerin die gegenteilige Position zu. Die LP betreibt in dieser Szene einigen Aufwand – sie wirft sogar Rene Spitz's Marasmusuntersuchung in die Waagschale, um das Bibelwort zu verteidigen. Aber sie merkt nicht, dass sie D.'s Position nicht versteht, weil dieser – übrigens gemäss der Vorgabe der Stunde – zwischen Brot und Rosen unterscheidet und seine Aussage strikt bezüglich des materiellen Aspektes verstanden wissen will.

Deshalb kann ich meine Skepsis gegenüber dem jugendtheologischen Nutzen noch etwas präziser fassen. Es ist meines Erachtens ein Irrtum zu denken, dass die Problemstellungen der Jugendlichen neue, eigene Fragen aufwerfen. Ich glaube, es ist ein Irrtum zu denken, dass Jugendliche eigene Probleme haben, die Erwachsene nicht haben oder nicht haben können. Eigene Probleme und eigene Fragen sind die Formulierungen der Jugendlichen nur in dem Sinne, als dass sie aktuell sind für die Jugendlichen: aktuelle Fragen, die sie in Bezug auf ein bestimmtes Material oder eine Aufgabenstellung formulieren. Aber das ist – für den Unterricht zumindest und für die religionspädagogische Perspektive – meines Erachtens auch genug. «Sich einer Frage zu stellen» halte ich für eine legitime religionsdidaktische Zielformulierung und «sich einer Frage stellen zu können» für eine legitime religionspädagogische Kompetenz. Wenn sich Jugendliche entgegen der Planung der LP einer Frage stellen, dann muss die Lehrperson darauf eingehen können. Die LP hat in diesem Fall den Raum dafür immerhin zur Verfügung gestellt.

Die Fragen kommen nicht gänzlich neu von den Jugendlichen, sondern aus der Tradition. Sie ergeben sich aufgrund der Möglichkeit, die eigene Skepsis, die eigenen Schwierigkeiten und die eigene Position suchend mit Hilfe traditioneller Muster zu formulieren. Die Gemeinschaft – in diesem Falle die Gemeinschaft der Kirche – ist die Voraussetzung dafür, dass individueller Glaubensvollzug möglich wird. Auch diese These ist nicht neu, sie wurde zum Beispiel kürzlich von Adrian Suter im Tagungsband zum 100. Geburtstag von Kurt Stalder mit besonderem Bezug auf die Studie von George A. Lindbeck, Christliche Lehre als Grammatik des Glaubens, Religion und Theologie im postliberalen Zeitalter von 1994 erneut formuliert.[16]

16 Vgl. Adrian Suter, Theologie, Tradition und Sprache als Schlüsselbegriffe für Kurt Stalders Denken. Reaktion auf den Beitrag von Jan Visser, in: Die Wirklichkeit Gottes. Zur Aktualität der Theologie Kurt Stalders, Berner Symposium aus Anlass des 100. Geburtstages von Kurt Stalder (1912–1996), IKZ Heft 3–4, 2013, 219–224.

Auf Erzählungen aus den Religionen zugehen

Künftige Lehrpersonen zwischen Lebenswelt und Sache

Sophia Bietenhard

1. Bekenntnisunabhängiger Religions- und Ethikunterricht an der öffentlichen Schule

1.1 Herausforderungen

Die religionspädagogischen Entwürfe christlich-theologischer Prägung sehen sich heute vor die Herausforderung gestellt, einige ihrer althergebrachten Konzeptionen zu diskutieren. Eine davon betrifft den Religionsunterricht an öffentlichen Schulen, zumindest im deutschsprachigen Raum: die exklusive Stellung, die etwa biblischen Texten, ja der Bibel überhaupt, für die Werte- und Persönlichkeitsbildung zugeschrieben wird:

> «Anders als andere heilige Bücher begegnet sie (die Bibel; Anm. d. Verf.) mir als ein durch und durch menschliches Buch, ein Buch voller Spannungen und Widersprüche, in dem Menschen menschlich reden, ein Buch mit einer unerschöpflichen Fülle von Themen und sprachlichen Formen, mit dem sinnvoll gar kein anderer Umgang möglich ist als der des Auswählens und Irgendwo-Einsteigens; und ich kann gewiss sein: Wo immer ich einsteige, komme ich hinein in den grossen Dialog um Tod und Leben, um Güte und Hass, um Verzweiflung und Hoffnung, um die Chancen der Liebe und die Möglichkeiten der Geborgenheit.»[1]

Neben der christlich-religiösen Sicht auf die Bibel als Glaubensbuch lassen sich natürlich noch andere Begründungen für diesen exklusiven Anspruch auf den Bildungsgehalt der Bibel anführen: So ist hinzuweisen auf ihre kulturgeschichtliche Bedeutung, ihre einzigartig gewachsene Gestalt und ihre Vielfalt, ihre Bedeutung als einer der Grundlagentexte humanistischer Bildung sowie auf den Beitrag, den die wissenschaftlich geprägten Methoden der Bibelinterpretation dabei geleistet haben, alte Texte und ihre Auslegungs- und Wirkungsgeschichte kritisch und reflektiert lesen zu lernen.[2] Weniger beachtet wird jedoch der strukturell-organisatorische Grund, dass der Religionsunterricht an den öffentlichen Schulen in Deutschland und in Österreich bis hin zum Mittelschulbereich weitgehend konfessionell verantwortet wird. Die deutschsprachige Schweiz hingegen kennt unterschiedliche

1 Ingo Baldermann, Einführung in die biblische Didaktik, Darmstadt 1996, 23.

2 Gerd Theissen, Zur Bibel motivieren. Aufgaben, Inhalte und Methoden einer offenen Bibeldidaktik, Gütersloh 2003, 63ff.

organisatorische Modelle des Religions- und Ethikunterrichts an den öffentlichen Schulen. Die Tendenz zu einer klaren Unterscheidung zwischen einem konfessionellen Unterricht in den Religionsgemeinschaften und einem bekenntnisunabhängigen Unterricht als Religionskunde (Kanton Zürich) bzw. als Perspektive des Sachunterrichts an den öffentlichen Schulen[3] wird sich mit der Einführung des neuen gemeinsamen Lehrplans für die Deutschschweiz voraussichtlich noch akzentuieren. Diese Entwicklung zeichnete sich ab seit der Integration von Religion – Mensch – Ethik als Perspektive des Fachs Natur – Mensch – Mitwelt im Lehrplan 1995 des Kantons Bern, die in schulischer Zuständigkeit allen Schülerinnen und Schülern erteilt wird.[4] Die Perspektive heisst im Entwurf des künftigen Lehrplans 21 Ethik, Religionen, Gemeinschaft (ERG) und ist dort Teil des Sachunterrichtfachs Natur, Mensch, Gesellschaft (NMG), auf der Sekundarstufe I ein eigener Fachbereich. Im Folgenden benutze ich die Abkürzungen des Lehrplans 21. Die folgenden Ausführungen tragen in diesem Horizont bei zur Diskussion über bibeldidaktische Konzeptionen und deren Anwendung auf den bekenntnisunabhängigen Religions- und Ethikunterricht.[5] Eine qualitative Untersuchung über den Zugang künftiger Primarlehrpersonen zu Geschichten aus den Weltreligionen illustriert die Debatte.

1.2 Die bekenntnisunabhängige Perspektive Ethik, Religionen, Gemeinschaft

1.2.1 Gesellschaftlicher Pluralismus und ausdifferenzierte Lebenswelt

Die Schule und mit ihr die Schülerinnen und Schüler, die Lehrpersonen sowie die Eltern und Behördenmitglieder spiegeln in mancherlei Hinsicht die heutige Lebenswelt und Gesellschaft: Lebensgestaltung und Lebenssinn werden zunehmend als Aufgabe individuell vorgenommener und wechselnder Entwürfe und nicht als

3 Dominik Helbling/Ulrich Kropac/Monika Jakobs/Stephan Leimgruber (Hg.), Konfessioneller und bekenntnisunabhängiger Religionsunterricht. Eine Verhältnisbestimmung am Beispiel Schweiz, Zürich 2013; vgl. www.lehrplan.ch zum interkantonalen Projekt Lehrplan 21 (Zugriff am 11.8.2014).

4 Die anderen Perspektiven des Fachs NMM sind Natur und Technik; Räume, Zeiten, Gesellschaften; Wirtschaft, Arbeit, Haushalt. Vgl. Kuno Schmid, «Religion» lernen in der Schule. Didaktische Überlegungen für einen bekenntnisunabhängigen schulischen Religionsunterricht im Kontext einer Didaktik des Sachunterrichts. Mit Beiträgen von Monika Jakobs, Bern 2011; Sophia Bietenhard/ Katharina Kalcsics, Natur-Mensch-Mitwelt für künftige Primarlehrpersonen in Bern, in: Markus Peschel/ Pascal Favre/Christian Mathis (Hg.), SaCHen unterriCHten – Ausbildung im Bereich «Natur-Mensch-Gesellschaft» in der schweizerischen Lehrerinnen- und Lehrerbildung, Hohengehren 2012, 55–66, Helbling/Kropac/Jakobs/Leimgruber, Konfessioneller und bekenntnisunabhängiger Religionsunterricht (Anm. 3).

5 Vgl. Christian Cebulj, Von Abraham und Sara zu Rama und Sita. Bibel und Heilige Schriften im bekenntnisorientierten und im bekenntnisunabhängigen Religionsunterricht, in: Dominik Helbling/ Ulrich Kropac/Monika Jakobs/Stephan Leimgruber (Hg.), Konfessioneller und bekenntnisunabhängiger Religionsunterricht. Eine Verhältnisbestimmung am Beispiel Schweiz, Zürich 2013, 309–323.

übernommene Setzung heteronomer Autoritäten verstanden. Ein hoher Grad an Individualisierung, Differenzierung und Heterogenität in tradierten und neuen Formen gelebter Religiosität drücken diese Entwicklung aus. Zur Vielfalt tragen die Religionen der Migrationsmilieus bei, die jedoch ebenfalls sehr heterogen gelebt werden.[6]

Schule ist in vielem ein Abbild der gesellschaftlichen Wirklichkeit. Für die Schülerinnen und Schüler ist sie Teil ihrer Lebenswelt, in der sie ihre Vorstellungen über die soziale, kulturelle, technische und natürliche Umwelt entwickeln.[7] In dieser schulischen Lebenswelt werden durch bewusst gestaltete Lernprozesse lebensweltliche Phänomene, Sachverhalte und Situationen aufgenommen, thematisiert und exemplarisch bearbeitet. Damit bietet Schule einen Raum, in dem Kinder und Jugendliche lebensweltliche Vorstellungen versachlichen und bewältigen können – also eine Alternative zur restlichen Alltagswelt. Sie ist ein Laboratorium, in welchem grundlegende Kompetenzen zur Bewältigung und Gestaltung von Herausforderungen aufgebaut, geübt und angewandt werden können.[8] Die Ausdifferenzierung der Lebenswelt wird im perspektivenübergreifenden Fachverständnis von NMG als Ganzes und spezifisch in ERG als Bildungspotenzial aufgenommen und didaktisch umgesetzt:[9] Indem Lernende einander bewusst begegnen, Traditionen,

6 Unter der zahlreichen religionssoziologischen Literatur zum Wandel von Werte- und Sinnentwürfen sei hier nur auf Alfred Dubach/Brigitte Fuchs, Ein neues Modell von Religion. Zweite Schweizer Sonderfallstudie – Herausforderung für die Kirchen, Zürich 2005 verwiesen. Gattiker u. a. nehmen die Erkenntnisse für die Religionsdidaktik so auf: «So wie es Differenzen zwischen den Religionen gibt, gibt es Differenzen innerhalb der Religionen. Es sind eher die Lebensgeschichten sowie die gelebte Religiosität von Familien, die entscheiden, wie Religion im Leben der Kinder vorkommt, nicht fest geprägte institutionalisierte Formen (zum Beispiel kirchlich geprägte Religion)». (Susanne Gattiker/Rosa Grädel/Jasmine Kiener/Daniela Mühlethaler, FrageZeichen. Fragen aus dem Leben – Geschichten aus den Religionen. Ab 4. Schuljahr, hg. von der Kommission für Lehrplan- und Lehrmittelfragen der Erziehungsdirektion des Kantons Bern, Bern 2008, darin: Hinweise für die Lehrerinnen und Lehrer (HLL) 17f.

7 Vgl. Joachim Kahlert, Lebenswelten erschliessen, in: Hans Müller/Marco Adamina, Lernwelten Natur – Mensch – Mitwelt. Ergänzende Texte, hg. von der Kommission für Lehrplan- und Lehrmittelfragen der Erziehungsdirektion des Kantons Bern, Bern 2008, 23–26. (Zuerst erschienen in: Detlef Pech/Astrid Kaiser (Hg.), Neuere Konzeptionen und Zielsetzungen im Sachunterricht, Baltmannsweiler 2004, 32–41.) Lebenswelt umfasst danach die Gesamtheit an Vorstellungen und Fähigkeiten, die sich Individuen in sozialen Kontexten schaffen, um Phänomene und Situationen subjektiv zu verstehen und zu bewältigen.

8 Vgl. Jürgen Baumert, Transparenz und Verantwortung, in: Nelson Killius/Jürgen Kluge/Linda Reisch (Hg.), Die Bildung der Zukunft, Frankfurt a. M. 2003, 213–228, 215; Bernhard Dressler, «Religiöse Bildung zwischen Standardisierung und Entstandardisierung – Zur bildungstheoretischen Rahmung religiösen Kompetenzerwerbs.», Theo-Web. Zeitschrift für Religionspädagogik 4/1, 2005, 50–63, 53.

9 Die lernende Weltbegegnung ist in den ersten Schuljahren mehrperspektivisch angelegt, da junge Lernende ihre Lebenswelt nicht nach Wissensdisziplinen, sondern aufgrund ihrer unterschiedlichen

Weltsichten und Einstellungen bei sich und anderen wahrnehmen, klären, vergleichen und befragen, erwerben sie erste Verständigungs- und Dialogkompetenzen im Umgang mit Identität, Fremdheit und Differenz. Lernen ist mit konkreten Handlungsmöglichkeiten in weitgehend authentischen Lernsituationen am wirksamsten: In den Begegnungen mit der oder dem anderen im schulischen Alltag und der damit verbundenen, bewusst vorgenommenen Auseinandersetzung werden Konzepte und Modelle der interkulturellen Begegnung unmittelbar angewandt und ein entsprechendes Handlungsrepertoire aufgebaut.[10] Mit der Bearbeitung dazugehöriger Sinnfragen und Traditionen aus Kulturen und Religionen objektivieren und erweitern Lernende diese Erfahrungen.[11]

1.2.2 ERG als Teil der Allgemeinbildung

Systematisch begründete Bildung leitet Lernende dazu an, «Welt auf unterschiedliche Weise lesen zu können», so das Literacy-Konzept der PISA-Studien.[12] Gestaltete Bildungsprozesse, aufgenommen in den Schulfächern und ihren wissenschaftlichen Domänen, ermöglichen rationale Zugänge zur Welt, Modi der Weltbegegnung, die mit den kulturellen Errungenschaften moderner Gesellschaften korrespondieren.[13] Das den PISA-Studien zugrunde gelegte Lernverständnis knüpft an den Voraussetzungen der Lernenden an und ist auf die Anwendung des erlernten Wissens und Könnens ausgerichtet. Das was zu lernen notwendig ist, um Welt erschliessen zu können, muss sich an und in «lebensweltlichen Gebrauchskontexten»

Prägungen und Interessen, als auf sich bezogenes Gesamtphänomen und wenig differenziert wahrnehmen, vgl. Hans Müller/Marco Adamina, Lernwelten Natur – Mensch – Mitwelt, hg. von der Kommission für Lehrplan- und Lehrmittelfragen der Erziehungsdirektion des Kantons Bern, Bern 2008; Schmid, «Religion» lernen (Anm. 4).

10 Vgl. Herbert Gudjons, Handlungsorientiert lehren und lernen. Schüleraktivität, Selbsttätigkeit, Projektarbeit, Bad Heilbrunn 2001; Kornelia Möller, Handlungsorientierung im Sachunterricht, in: Hans Müller/Marco Adamina, Lernwelten Natur-Mensch-Mitwelt. Ergänzende Texte, Bern 2008, 45–47; Dressler, Religiöse Bildung (Anm. 8), 120–130.

11 Vgl. Gattiker u. a., FrageZeichen (Anm. 6), HLL 14–18, Schmid, «Religion» lernen (Anm. 4), 23f.; Monika Jakobs, Grundlinien einer Didaktik für den bekenntnisunabhängigen Religionsunterricht, in: Kuno Schmid, «Religion» lernen in der Schule. Didaktische Überlegungen für einen bekenntnisunabhängigen schulischen Religionsunterricht im Kontext einer Didaktik des Sachunterrichts. Mit Beiträgen von Monika Jakobs, Bern 2011, 70–103, 76ff.; Cebulj, Von Abraham und Sara (Anm. 5), 309–323.

12 Vgl. Bernhard Dressler, Modi der Weltbegegnung als Gegenstand fachdidaktischer Analysen. 40. Tagung für Didaktik der Mathematik, Osnabrück 2006, 2f., http://www.uni-marburg.de/zfl/ueber_uns/artikel/rede dressler modi (Zugriff am 26.2.2011); Jürgen Baumert, Deutschland im internationalen Bildungsvergleich, in: Nelson Killius/Jürgen Kluge/Linda Reisch (Hg.), Die Zukunft der Bildung, Frankfurt a. M. 2002, 100–151, 108ff.

13 Vgl. Margarete Götz/Joachim Kahlert/Maria Fölling-Albers/Andreas Hartinger/Dietmar von Reeken/Steffen Wittkowske, Didaktik des Sachunterrichts als bildungswissenschaftliche Disziplin, in: dies. (Hg.), Handbuch Didaktik des Sachunterrichts, Bad Heilbrunn 2007, 11–30, 14; Baumert, Deutschland (Anm. 12), 106ff.

bewähren, um den Lernenden subjektiv sinnvoll und bedeutsam zu werden.[14] Eine der dazu notwendigen «kulturellen Basiskompetenzen», wie sie der Bildungstheoretiker Baumert definiert, nämlich die «Selbstregulation des Wissenserwerbs», verweist auf die dafür zentrale Fähigkeit, nämlich Welt deuten sowie mit Weltsichten, Sinngebungen und Erkenntnissen verantwortlich umgehen zu können. Hier kann sich Unterricht zu religiösen, ethischen und philosophischen Inhalten und Fähigkeiten in der allgemeinen Bildungsdiskussion durchaus verorten.[15]

1.2.3 ERG als Teil der Didaktik des Sachunterrichts

Mit der Sachunterrichtsdidaktik, welche dem Fach Natur, Mensch, Gesellschaft zugrunde gelegt wird, teilt die Perspektive Ethik, Religionen, Gemeinschaft das kokonstruktivistische Lernverständnis: Lernende entwickeln aktiv ihr Wissen und Können, indem sie in der Begegnung mit neuen Sachen, Phänomenen und Situationen an frühere Lernerfahrungen und subjektive Vorstellungen anknüpfen. In situierten Lernumgebungen – welche die oben genannten, möglichst authentischen Problemstellungen bzw. Gebrauchskontexte enthalten und mit dafür geeigneten Lernaufgaben – entwickeln Schülerinnen und Schüler ihr Wissen und Können individuell und dialogisch-kooperativ zu erweiterten, vertieften und belastbaren Konzepten und Fähigkeiten.[16] Der Bezug zu den subjektiven lebensweltlichen Vorstellungen, auch der Einbezug «dessen, was man persönliche Erfahrung, Wissen, Vorstellungs- und Urteilskraft, Hoffnung, Vertrauen und Glauben nennt»[17] ist wesentlicher Bestandteil des Erschliessens von Welt. Sachunterricht soll deshalb «Kinder dabei unterstützen, sich belastbares und geordnetes Wissen über die soziale, natürliche und technisch gestaltete Umwelt anzueignen und sich in der modernen Gesellschaft zunehmend selbständig und verantwortlich zu orientieren»[18]. Dazu gehören Überzeugungen und Haltungen, Werte und Normen sowie soziale Bezie-

14 Dressler, Modi (Anm. 12) zur Begründung des religiösen Lernens als Kernbestand der Allgemeinbildung.

15 Vgl. Baumert, Deutschland (Anm. 12), 106ff.; Schmid, «Religion» lernen (Anm. 4), 32; Jakobs, Grundlinien (Anm. 11), 75.

16 Vgl. Müller/Adamina, Lernwelten (Anm. 9). Thematisch-strukturierter Zugang 27–30; Schmid, «Religion» lernen (Anm. 4), 55ff. Belastbar meint hier den Aufbau von wissenschaftsnahen Kompetenzen, im Sinne der Objektivierung, Verallgemeinerbarkeit und Vergleichbarkeit, aber auch eines hermeneutischen und ästhetischen Vermögens in der Begegnung mit Sachen, Situationen und Phänomenen, vgl. Kahlert, Lebenswelten (Anm. 7), 23–26; Walter Köhnlein, Aufgaben und Ziele des Sachunterrichts, in: Hans Müller/Marco Adamina, Lernwelten Natur – Mensch – Mitwelt. Ergänzende Texte, hg. von der Kommission für Lehrplan- und Lehrmittelfragen der Erziehungsdirektion des Kantons Bern, Bern 2008, 17–22. (Zuerst erschienen in: Joachim Kahlert u. a. (Hg.), Handbuch Didaktik des Sachunterrichts, Bad Heilbrunn 2007, 89–99.)

17 Kahlert, Lebenswelten (Anm. 7), 23.

18 Gotz u. a., Didaktik (Anm. 13), 18; Köhnlein, Aufgaben (Anm. 16), 18; Erziehungsdirektion des Kantons Bern (Hg.), Lehrplan, Bern 1995, NMM 1–8.

hungen, die gemäss NMG-Fachverständnis in religiösen Traditionen und weltanschaulichen Überzeugungen die Lebenswelt prägen und sich als Lerngegenstände anbieten. Indem die Lernenden ihre subjektiven Fragen oder Meinungen mit Hilfe bewährter Diskurstraditionen austauschen und begründen lernen, merken sie, dass eine dialogische, objektivierende Weiterentwicklung hilfreich ist für die Verarbeitung und Beantwortung persönlicher Herausforderungen, dass Meinungen nicht per se abhängig sein müssen von der Herkunft und dass sich die Wahrnehmung von Differenz bereichernd auf den eigenen Erkenntnisprozess auswirkt.[19]

1.3 Kompetenzorientierung in der Perspektive ERG

In hohem Mass sind Individuen heute gefordert, verschiedene Fähigkeiten auf situativ und kontextuell unterschiedliche Herausforderungen anzuwenden:

> «Dabei versteht man unter Kompetenzen die bei Individuen verfügbaren oder durch sie erlernbaren kognitiven Fähigkeiten und Fertigkeiten, um bestimmte Probleme zu lösen, sowie die damit verbundenen motivationalen, volitionalen und sozialen Bereitschaften und Fähigkeiten um die Problemlösungen in variablen Situationen erfolgreich und verantwortungsvoll nutzen zu können.»[20]

Die Kompetenzdefinition von Weinert hat – ausgehend von den Lernenden und ihren Ressourcen – den sachgemässen Umgang mit Situationen und Phänomenen im Blick, an denen tradierte Wissensbestände sichtbar gemacht werden. Die schulische Heterogenität an weltanschaulichen, normativen und religiösen Prägungen und Einstellungen wird damit zum produktiven Ansatzpunkt für Lernprozesse in der Perspektive ERG: Versachlichung, Perspektivenwechsel und Umgang mit Differenz sind Kompetenzen, die an den Lehrplaninhalten und anhand der bestehenden Vielfalt einer Klasse und ihren lebensweltlichen Bezügen aufgebaut werden können. Es ist deshalb im Kontext der öffentlichen Schule logisch und sinnvoll, dieses Bildungspotenzial aufzunehmen und die Lerninhalte, Kompetenzen und Zugänge entsprechend zu definieren.[21]

Auf der Grundlage des Lehrplans 95 und der ko-konstruktivistischen Didaktik erschienen ab 2001 fünf Lehrmittel zur Perspektive ERG für die Primarstufe im Kanton Bern. Während die ersten drei Lehrmittel das Gewicht auf die persönlichkeitsbildenden und lebenskundlichen Themen legten, erschienen 2008 und 2010

19 Vgl. Gattiker u. a., FrageZeichen (Anm. 6), HLL 12ff.

20 Franz E. Weinert, Vergleichende Leistungsmessung in Schulen – eine umstrittene Selbstverständlichkeit, in: ders. (Hg.), Leistungsmessungen in der Schule, Weinheim 2002, 17–31, 27f.; Schmid, «Religion» lernen (Anm. 4), 15ff.

21 Der in Planung begriffene Lehrplan 21 wird kompetenzorientiert sein (www.lehrplan.ch, Zugriff am 11.8.2014).

zwei Lehrmittel zum interreligiösen Lehren und Lernen.[22] Die dort im didaktischen Kommentar ausgeführten Kompetenzen können wie folgt zusammengefasst werden:[23]

- Fähigkeit zur interreligiösen Verständigung: Symbole und Bildworte deuten, Perspektive wechseln, vergleichen, Grundbegriffe aufbauen.
- Wahrnehmungsfähigkeit: Hören, sehen und verstehen, eigene Bezugspunkte erkennen und benennen, sich anderen zuwenden.
- Reflexionsfähigkeit: Nachdenken, Fragen stellen, Meinungsbildung.
- Umsetzungs- und Transferfähigkeit: Sich ausdrücken, übertragen, handeln.

1.4 Folgerungen

Bedingungen und Kontext des Unterrichts sind entscheidende Faktoren für die didaktische Konzeption eines Fachs; dies gilt besonders für den Religions- und Ethikunterricht.[24] Damit sollen nicht etwa die unterschiedlichen Kontexte und Verantwortlichkeiten, in denen religiöse[25] und ethische Bildung geschieht, und ihre jeweils begründeten Konzepte gegeneinander ausgespielt werden. Die öffentliche Schule ist nicht der einzige Ort, an dem Kompetenzen wie Toleranz- und Respektverhalten, Differenzfähigkeit, Perspektivenwechsel oder Reflexivität aufgebaut werden. Dies liegt in der Verantwortung der jeweiligen Konzeptionen und in der Professionalität der Unterrichtenden.[26] Die Religionsgemeinschaften verfügen zudem mit

22 Vgl. Susanne Gattiker/Rosa Grädel/Daniela Mühlethaler, Kunterbunt. Ich und die Gemeinschaft, 3. – 4. Schuljahr, hg. von der Kommission für Lehrplan- und Lehrmittelfragen der Erziehungsdirektion des Kantons Bern, Bern 2001; Susanne Gattiker/Rosa Grädel/Jasmine Kiener, Konfetti. Ich und die Gemeinschaft. Ab 1. Schuljahr, hg. von der Kommission für Lehrplan- und Lehrmittelfragen der Erziehungsdirektion des Kantons Bern, Bern 2002; Susanne Gattiker/Rosa Grädel, Kaleidoskop. Ich und die Gemeinschaft – Menschen einer Welt. Ab 5. Schuljahr, hg. von der Kommission für Lehrplan- und Lehrmittelfragen der Erziehungsdirektion des Kantons Bern, Bern 2005; Gattiker u. a., FrageZeichen (Anm. 6); Susanne Gattiker/Rosa Grädel/Jasmine Kiener/Daniela Mühlethaler, HimmelsZeichen. Geschichten aus den Religionen. Ab Kindergarten bis 3. Schuljahr, hg. von der Kommission für Lehrplan- und Lehrmittelfragen der Erziehungsdirektion des Kantons Bern, Bern 2010, darin: Hinweise für die Lehrerinnen und Lehrer (HLL).

23 Vgl. Gattiker u. a., FrageZeichen (Anm. 6), HLL; Gattiker u. a., HimmelsZeichen (Anm. 22), HLL.

24 Baumert, Deutschland (Anm. 12), 108; Elza Kuyk/Roger Jensen/David Lankshear/Elisabeth Löh Manna/Peter Schreiner (Hg.), Religious Education in Europe. Situation and current trends in Schools, Oslo 2007.

25 Der Begriff «religiöse Bildung» wird im vorliegenden Beitrag gleich verstanden wie das Lernen in anderen fachlichen Kontexten (vgl. mathematisches, räumliches, historisches, fremdsprachliches etc. Lernen) und nicht im Sinne einer Initiierung in eine bestimmte Religiosität, wie oft vorschnell angenommen wird.

26 Vgl. Weinert, Vergleichende Leistungsmessung (Anm. 20), 23; Monika Jakobs/Ulrich Riegel/ Dominik Helbling/Thomas Englberger, Konfessioneller Religionsunterricht in multireligiöser Gesellschaft. Eine empirische Studie für die deutschsprachige Schweiz, Zürich 2009.

ihrer erfahrungsgesättigten, spirituellen und diakonischen Praxis über Möglichkeiten, durch ihre Bildungsangebote grundlegende identitätsbildende, soziale und spirituelle Kompetenzen aufzubauen und zu verankern, die für die Bewältigung und Gestaltung gesamtgesellschaftlicher Herausforderungen hochnotwendig sind. Die öffentliche Schule stösst hier aus vielerlei Gründen an ihre Grenzen und ist angewiesen auf die Kooperation mit ausgewiesenen und erfahrenen Partnerorganisationen.

Aus meinen Ausführungen zum Kontext des bekenntnisunabhängigen Religionsunterrichts an der öffentlichen Schule lässt sich schon in formaler Hinsicht fragen, ob hier ein konfessioneller Religionsunterricht mit einem exklusiven Anspruch auf die Bibel als zentrales Vermittlungsinstrument religiöser und ethischer Bildung oder als einzige Quelle «Heiliger Schriften» noch das adäquate Gefäss ist. Aber auch inhaltlich wären Fragen zu stellen: Obwohl die neueren deutschsprachigen bibeldidaktischen und interreligiösen Fachkonzeptionen das dialogische Verstehen-Lernen des Eigenen und des Anderen betonen,[27] gehen sie doch aus von einem christlichen Selbstverständnis der Lehrperson sowie einer christlich fundierten Bildung, von der aus Dialogfähigkeit für die Begegnung mit dem Anderen aufgebaut werden soll, zum Beispiel diejenige mit «Zeugen und Zeugnissen anderer Religionen»[28]. Ein bekenntnisunabhängiger Sachunterricht der Perspektive ERG verzichtet demgegenüber in konsequenter Weiterführung auf ein spezifisch christliches Selbstverständnis der Unterrichtenden und auf Entsprechungen in den pädagogisch-didaktischen Konzeptionen. Die Perspektive ERG kann deshalb zwar kein Verstehen im Sinne einer religiösen Haltung anstreben, wie es zum Beispiel Theissen bei aller bibeldidaktischen Offenheit doch impliziert: «Wie aber kann man die eigentliche religiöse Dimension verstehen, ohne in sie einzutreten?»[29] Aber eine bekenntnisunabhängige Religionsdidaktik muss sich auch selbstkritisch fragen, wie sie die unverzichtbare Dimension der Erfahrung in Lernprozessen

27 Vgl. Theissen, Zur Bibel motivieren (Anm. 2); Burkart Porzelt, Grundlinien biblischer Didaktik, Bad Heilbrunn 2012.

28 Clauss Peter Sajak, Interreligiöses Lernen im schulischen Religionsunterricht, in: Bernhard Grümme u. a. (Hg.), Religionsunterricht neu denken. Innovative Ansätze und Perspektiven der Religionsdidaktik, Stuttgart 2012, 223–233, 28.

29 Theissen, Zur Bibel motivieren (Anm. 2), 110. Demgegenüber meint Kuno Schmid als Vertreter der sachunterrichtlichen Perspektive ERG hinsichtlich der überprüfbaren Ziele von ERG: «In Abgrenzung zum kirchlichen Unterricht geht es nicht um religiöse Kompetenz im Sinne der Klärung des persönlichen Glaubens und des Aufbaus einer religiösen Identität» (Schmid, «Religion» lernen (Anm. 4), 23). Allerdings liefert Theissen eine Religionsdefinition, die Lehrpersonen unabhängig von der eigenen weltanschaulichen Verortung überaus dienlich sein kann für ein dialogisches Unterrichtskonzept, vgl. a.a.O., 110ff., zum Beispiel aufgenommen bei Willy Bühler/Benno Bühlmann/Andreas Kessler (Hg.), Sachbuch Religionen. Hinduismus, Buddhismus, Judentum, Christentum, Islam, Horw/Luzern 2009, 38ff. für den Unterricht auf Sekundarstufe II.

initiieren und begleiten will.[30] Die Frage ist vorderhand offen, was denn mit «religiöser Erfahrung» gemeint sein könnte. Denn Erfahrung im Lernen muss sein, um wirkliches Verstehen herbeizuführen, und guter Unterricht muss Erfahrungen am Gegenstand ermöglichen.[31] Handlungsorientierung – durchaus im Sinne eines «denkenden Tuns»[32] – ist ein allgemeindidaktisches Prinzip wirksamen Lernens, und erst der reflexive Umgang mit den eigenen Erfahrungen führt zu den erwünschten grundlegenden Kompetenzen, mit neuen Herausforderungen adäquat umgehen zu können. Unterricht in der Perspektive ERG verzichtet daher sowohl auf ein exklusives Bibelverständnis als auch auf einen bestimmten Religionsbegriff. Der Verzicht eröffnet jedoch Freiräume und Ausblicke, die nun an einer beruflichen Handlungssituation von Lehrpersonen im Kindergarten und auf der Primarschulstufe, an einem ihrer Gebrauchskontexte also,[33] nämlich der vorbereitenden Auseinandersetzung mit Erzählstoffen, veranschaulicht werden sollen.

2. Weltbegegnung und Welterschliessung in den Erzählinterpretationen angehender Lehrpersonen

2.1 Ausbildung in der Heterogenität

Das Konzept des bekenntnisunabhängigen Religionsunterrichts spiegelt sich in der Ausbildung von Lehrpersonen für den Kindergarten und die Primarstufe. Da sie

30 Vgl. Sophia Bietenhard, Feste feiern und verstehen lernen im Fach «Natur-Mensch-Mitwelt» und im landeskirchlich-reformierten Unterricht des Kantons Bern: Ein Vergleich, in: Dominik Helbling/Ulrich Kropac/Monika Jakobs/Stephan Leimgruber (Hg.), Konfessioneller und bekenntnisunabhängiger Religionsunterricht. Eine Verhältnisbestimmung am Beispiel Schweiz, Zürich 2013, 309–323.

31 Vgl. Horst Rumpf, Das Verstehen und sein lebensweltliches Fundament. Oder das Lehren Wagenscheins und einige Differenzen zu kognitionspsychologisch inspirierter Didaktik, in: Kurt Reusser/Marianne Reusser-Weyeneth (Hg.), Verstehen – Psychologischer Prozess und didaktische Aufgabe, Bern 1994, 113–126.

32 Vgl. Möller, Handlungsorientierung im Sachunterricht (Anm. 10), 45–47, greift hier auf Aeblis bekannte Formulierung zurück; Dressler, Modi (Anm. 12), 59f. Die Planungsfassung zum Deutschschweizer Lehrplan 21 formuliert zur Ausrichtung der Perspektive ERG handlungsorientiert wie folgt: «In der Perspektive Ethik, Religionen, Gemeinschaft entwickeln Schülerinnen und Schüler Kompetenzen für das Leben mit verschiedenen Kulturen, Religionen, Weltanschauungen und Werteeinstellungen. In einer pluralistischen und demokratischen Gesellschaft gilt es eine eigene Identität zu finden, Toleranz zu üben und zu einem respektvollen Zusammenleben beizutragen. Dazu denken Schülerinnen und Schüler über menschliche Grunderfahrungen nach und gewinnen ein Verständnis für Wertvorstellungen und ethische Grundsätze. Sie begegnen religiösen Traditionen und Vorstellungen und lernen mit weltanschaulicher Vielfalt und kulturellem Erbe respektvoll und selbstbewusst umzugehen. Sie erproben Möglichkeiten, das Zusammenleben zu gestalten und soziale Herausforderungen zu bewältigen, und werden zu eigenständiger Lebensgestaltung und verantwortlicher Teilhabe an der Gemeinschaft ermutigt.» (www.lehrplan.ch. NMG: Bedeutung und Zielsetzungen S. 3, prov. Fassung; Zugriff am 26.08.14).

33 Vgl. Hansruedi Kaiser, Berufliche Handlungssituationen machen Schule, Winterthur 2008.

ein integrales Diplom für den Unterricht in allen Fächern erwerben, durchlaufen alle Studierenden in ihrer Ausbildung die erforderlichen Pflichtveranstaltungen im Fach NMG. Die künftigen Lehrpersonen erwerben unabhängig ihrer persönlichen Weltanschauung die Lehrbefähigung für die Perspektive ERG. Sie spiegeln die gesellschaftliche Heterogenität zunehmend ähnlich wie ihre künftigen Schülerinnen und Schüler. Sachunterrichtsbezogene religiöse, ethische und philosophische Kompetenzen sind beim Studieneinstieg höchst unterschiedlich vorhanden. Das Interesse an Sinn- und Lebensfragen, an Religionen, ihren Traditionen und Aussagen sowie das Orientierungsbedürfnis in den diesbezüglichen Herausforderungen des künftigen Berufs sind jedoch durchaus vorhanden. Erwartet wird, dass Studierende sich auf die Erfordernisse des Lehrberufs einlassen können und damit auf den Unterricht der Perspektive ERG. Zur Professionalität einer Lehrperson gehört es, dass sie eigene Haltungen reflektieren und zugunsten einer objektiven Sicht auf den Lerngegenstand revidieren und differenzieren kann.[34]

2.2 Lernen von Erzählungen in der Perspektive Ethik, Religionen, Gemeinschaft

Im Schwerpunktseminar zur Perspektive ERG erarbeiten sich die Studierenden Kompetenzen im Umgang mit den Weltreligionen und mit religiösen Phänomenen, die sie mit Begegnungen, Grundlagenwissen und am didaktischen Konzept der Perspektive ERG vertiefen. Als Leistungsnachweis erstellen die Studierenden eine schriftliche Interpretation zu einer Erzählung aus den religiösen Traditionen aus einem der Lehrmittel zur Perspektive ERG. Es handelt sich dabei um Übertragungen und Nacherzählungen für den Kindergarten und die Primarstufe. Ich gewichte hier das Interesse der Studierenden am Inhalt der Erzählungen sowie den Bezug des Auftrags zum künftigen Lehrberuf höher als die historisch-kritische Bearbeitung von Quellentexten. Zugleich schaffe ich damit die Ausgangslage für die Auseinandersetzung der Studierenden mit dem didaktischen Konzept der interreligiösen Lehrmittel und den Erzählungen als zentrale Lernmedien.[35] Die Erzählungen stellen Modelle dar für die Art und Weise, wie Menschen – in den Hindu-Erzählungen sind es die Gottheiten – in bestimmten Kontexten mit exemplarischen Herausforderungen umgegangen sind. Sie sind Arbeitsmittel, an denen eigene Fragen und Erfahrungen gestellt, geklärt und weiterentwickelt werden. Sie sind Botinnen der Vergangenheit und aus Kulturen, die wir an ihnen erhellen und mit deren Deutung Lernende einige Phänomene ihrer Welt beleuchten und Zukunft entwerfen können. Die Lehrmittel behandeln die Erzählungen inhaltlich gleich, auch indem Kinder und Jugendliche aus der entsprechenden Tradition sie jeweils kommentieren. Die biblischen Erzählstoffe machen die Hälfte der dargestellten Geschichten aus, da sie

34 Vgl. Orientierungsrahmen PHBern 2012, 5.17, www.phbern.ch, (Zugriff am 27.2.14); Gattiker u. a., FrageZeichen (Anm. 6), HLL 20f.

35 Vgl. Gattiker u. a., FrageZeichen (Anm. 6), HLL 12ff., Schmid, «Religion» lernen (Anm. 4), 113.

auf kulturelle Prägungen der schweizerischen Lebenswelt verweisen und zum tradierten Wissensgut gehören.

Die Studierenden orientieren sich an einem Analyseleitfaden. Er regt zu lebensweltlichen Anknüpfungen und biografischen Bezügen an, zu Fragen und zur kritischen Auseinandersetzung, er leitet an zum Verstehen-Lernen der Erzählungen als motivisch und symbolisch gestaltete Bildgeschichten, als Lehrgeschichten zudem, die Menschen in ihren Lebensfragen begleiten und herausfordern. Um die Bilder und Aussagen bestmöglich zu verstehen, sowie die eigenen Vorstellungen zu überprüfen und zu erweitern, sind Recherchen zum Entstehungskontext, allenfalls zur Wirkungs- und Auslegungsgeschichte der gewählten Erzählung notwendig. Schliesslich zeigen die Studierenden ihr Verständnis der fachdidaktischen Konzeption mit einem Entwurf von Unterrichtsideen zur eigenen Erzählung. An einem typischen Gebrauchskontext ihres künftigen Berufs, um den oben erwähnten Begriff aufzunehmen, nämlich der Vorbereitung und Durchführung von Unterrichtssituationen mit narrativem Schwerpunkt, sollen sich damit berufliche Kompetenzen bewähren.

2.3 Zur Untersuchung der Erzählauslegungen von Studierenden

Um Aussagen darüber machen zu können, ob die dargelegte Konzeption eines bekenntnisunabhängigen und interreligiösen Unterrichts für die künftigen Lehrpersonen einsichtig ist, bietet sich eine Untersuchung zu ihrem Umgang mit den Ausbildungsinhalten, hier den Erzählungen, an. Die Analyse gibt uns Hinweise darauf, wie junge Erwachsene zwischen 21 bis 30 Jahren auf alte Erzählungen zugehen, wie sie ihre Inhalte und Gestalt erschliessen und deuten, an welche eigenen Ressourcen sie anknüpfen und welche Kompetenzen sie dabei erwerben.

Zur Analyse der Erzählinterpretationen ging ich nach der qualitativen Inhaltsanalyse vor. Sie befasst sich nach Mayring mit festgelegter Kommunikation, im vorliegenden Fall mit den Textdokumenten, in denen die Studierenden ihre Deutungen religiöser Erzählungen darlegen.[36] Sie sind interpretierbare, als Texte objektivierte Produkte der Verfasserinnen und Verfasser und lassen «interessante Schlüsse auf menschliches Denken, Fühlen und Handeln zu»[37]. Von den NMM3-Seminaren lagen mir schliesslich drei Erzählinterpretationen von 2012 und acht aus dem Jahr 2013 vor. Drei Interpretationen sind Einzelarbeiten, die restlichen acht wurden in Teams von zwei bis drei Studentinnen verfasst. Neun der Texte wurden

36 Philipp Mayring, Qualitative Inhaltsanalyse. Grundlagen und Techniken, Weinheim/Basel 2000; ders., Einführung in die qualitative Sozialforschung, Weinheim/Basel 2002; vgl. Andreas Böhm, Theoretisches Codieren. Textanalyse in der Grounded Theory, in: Uwe Flick/Ernst von Kardorff/Ines Steinke (Hg.), Qualitative Forschung. Ein Handbuch, Hamburg 2012. Die systematische und theoriengeleitete Untersuchung analysiert das Material «mit dem Ziel, Rückschlüsse auf bestimmte Aspekte der Kommunikation zu ziehen» (Mayring, Qualitative Inhaltsanalyse, 12f.).

37 Philipp Mayring, Einführung in die qualitative Sozialforschung, Weinheim/Basel 2002, 47.

von Frauen, zwei von je einem Studenten verfasst. Die vorliegende Untersuchung analysiert Erzählinterpretationen zu folgenden Geschichten:[38]

- Wie Ganesha seinen Elefantenkopf bekam (Hinduismus)
- Buddha. Leben und Lehre (Buddhismus)
- Ein Senfkorn für den Buddha (Buddhismus; zwei Auslegungen)
- Der Auszug aus Ägypten (Judentum/Christentum)
- Der Regenbogen. Arche Noah (Judentum/Christentum)
- Die mutige Königin Esther (Judentum/Christentum)
- Der Besuch des Fremden (Judentum; zwei Auslegungen)
- Die Geschichte vom barmherzigen Samariter (Christentum)
- Jesus lebt. Die Geschichte von Karfreitag und Ostern (Christentum)

2.4 Ergebnisse der Analyse[39]

Durch den ersten induktive Durchgang[40] durch das Material wurden die Kategorien 1) Impulse, Anknüpfungen, 2) Vorgehen, Methoden, 3) inhaltlich-thematische Interessen und 4) Unterrichtstransfer erschlossen.

2.4.1 Impulse, Anknüpfungen

Die Religion, aus der die untersuchte Erzählung stammt, führen nur zwei Arbeiten als Begründung der Auswahl an: Anhand der Beschäftigung mit der Lebensgeschichte Buddhas will der Student mehr über den Buddhismus erfahren; eine Gruppe interessiert die buddhistische Lehre über den Umgang mit Leiden und Sterben und möchte sich diese mit der Erzählung erarbeiten.

Verhalten und Eigenschaften der Protagonisten wecken Sympathien, Irritationen und Faszination:

> «Beim ersten Durchlesen weckte diese Erzählung in mir sofort die Sympathie mit dem Samariter. Obwohl er vorangehend als ein ‹Feind› der Israeliten dargestellt wird, ist er doch der Einzige, der dem Verletzten hilft. Dieser erscheint von Anfang an als Opfer, und man wünscht sich wohl irgendwie, dass er im Laufe der Geschichte Hilfe erfährt. Die beiden weiteren Personen, welche an ihm vorbeigehen, erscheinen mir unsympathisch, jedoch wirft ihr Handeln die Frage auf, warum sie nicht geholfen haben, da das nach unserem heutigen Bild dieser Menschen zu ihrer Art bzw. zur Vorstellung ihres ‹Berufs› gehört

38 Quellen: Gattiker u. a., FrageZeichen (Anm. 6); Gattiker u. a., HimmelsZeichen (Anm. 22).

39 Zur Illustration der Befunde zitiere ich aus den studentischen Seminararbeiten. Schreib- und Interpunktionsfehler sowie besonders auffällige stilistische Mängel habe ich behoben. Die Zitate werden durch Verweis auf die interpretierte Erzählung gekennzeichnet.

40 Mayring, Qualitative Inhaltsanalyse (Anm. 36), 75: «Induktives Vorgehen hat eine grosse Bedeutung innerhalb qualitativer Ansätze […]. Es strebt nach einer möglichst naturalistischen, gegenstandsnahen Abbildung des Materials ohne Verzerrungen durch Vorannahmen des Forschers, eine Erfassung des Gegenstands in der Sprache des Materials.»

hätte. Man verbindet sie sofort mit dem Mann, der Jesus am Anfang die Frage gestellt hat.» (Barmherziger Samariter)

«Bereits beim Lesen der ersten Zeilen ist uns die Macht des Königs aufgefallen. Er konnte seine Frau, Königin Waschti, einfach so ‹austauschen›. Dies stiess uns ein bisschen sauer auf. Immer wieder wurden wir in der Geschichte mit dem König konfrontiert, der so viel Macht hätte, aber lieber Feste feiert.» (Königin Esther).

«Die Geschichte Buddhas fasziniert mich. Sie erscheint mir ganz klar verständlich und irgendwie nachvollziehbar.» (Buddha)

«Es ist sehr schön in der Geschichte, dass man hier lesen kann, dass die Menschenwürde und überhaupt ein Menschenleben wichtiger sind als ein prallgefüllter Sack mit Goldstücken.» (Der Besuch des Fremden 2)

Bezüge zur eigenen Biografie und lebensweltlichen Befindlichkeit motivieren ebenfalls zur weiteren Auseinandersetzung. Eine Studentin entscheidet sich für die Beschäftigung mit der Ganesha-Erzählung, weil die Eltern ihr zum Studienanfang eine Ganeshafigur geschenkt hatten, und sie dieser und der schon damals aufgetretenen Frage, wie Ganesha zu seinem Elefantenkopf gekommen sei, nun nachgehen wollte. Ein Student kann sich durch seine eigene Situation als ausländischer Gaststudent in Bern mit dem Titel der Erzählung «Der Besuch des Fremden» identifizieren.

Inhaltsbezüge zum eigenen Vorwissen finden sich in drei Arbeiten: Eine Autorin erinnert sich anhand der erneuten Begegnung mit der Erzählung vom barmherzigen Samariter an ihre Kindheit, in der sie in der Schulzeit, zu Hause und im kirchlichen Unterricht mit der Geschichte «in verschiedenen Varianten in Kontakt gekommen» ist. Die Buddhageschichte weckt beim Autoren den Bezug zum Höhlengleichnis Platons, «im Sinne des ‹Aufsteigens› von Dunkel zu Hell, von der schattenhaften Unwissenheit hin zur Klarheit über das Wesen der Dinge.» Und eine Studentin bezieht ihre erste Lektüre auf ihr Vorwissen zum Koran:

«Mich nahm wunder, wie Chaim in Gefahr geriet, um einen Fremden zu retten, obwohl der Fremde etwas Empörendes [von ihm] verlangt hatte. [...] Darauf las ich die Geschichte nochmals durch und versuchte, mich auf sie zu verlassen. Intuitiv kam mir ein Vers aus dem Koran, dem heiligen Buch des Islam, in den Sinn: Wer jemanden tötet, gilt, als hätte er die ganze Menschheit getötet; und wer jemanden rettet, gilt, als hätte er die ganze Menschheit gerettet.» (Der Besuch des Fremden 1)

Demgegenüber wird in der Auslegung zur Ostererzählung zwar deren Bedeutung «für die christliche Religion» als Wahlkriterium angegeben, das Wissen darüber ist aber unsicher:

«Wir wussten zwar bereits, dass wir an Ostern jeweils die Auferstehung Jesu Christi feiern, jedoch war uns nicht klar, was sonst noch alles hinter dieser Ostergeschichte steckt.

> Es kann sehr wohl sein, dass wir uns in der kirchlichen Unterweisung damit auseinandergesetzt haben, jedoch war davon leider nicht mehr so viel vorhanden.» (Jesus lebt)

Der Bezug zum eigenen Unterricht wird in fünf Arbeiten gleich zu Beginn als Impuls genannt, die ausgewählte Erzählung bzw. thematische Interessen untersuchen und in didaktische Anwendungen überführen zu wollen. Die Erzählung soll «analysiert und in Bezug auf ihre Tauglichkeit im Schulunterricht betrachtet werden» (Exodus). Dabei wird auch schon auf ihre Probleme und die Bedeutung der Lehrperson verwiesen:

> «Die Exodus-Geschichte ist eine alttestamentliche Geschichte. Sie bietet mit den hier thematisierten Inhalten die Möglichkeit, im Unterricht behandelt und genauer analysiert zu werden. Es ist aber bei einer solchen, teils sehr brutalen Geschichte wichtig, dass die Lehrperson den Lernenden einen geeigneten Zugang anbietet. Der Lehrperson kommt somit eine sehr zentrale Rolle zu.» (Exodus)

Alle Autorinnen und Autoren gehen davon aus, dass die Erzählung ihnen – und auch Schülerinnen und Schülern einer weltanschaulich heterogenen Klasse – etliches zu lehren hat und exemplarisch-bedeutsam ist für den Umgang mit Sinn- und Lebensfragen, Werten und Normen, Inhalten der entsprechenden Religion sowie lebensweltlichen Phänomenen. Diese Vorannahme wird durch die eigene Interpretation bestätigt. Irritationen werden produktiv assimiliert, eigene Vorstellungen sanft verändert. So folgern die Autorinnen der Seminararbeit zur Erzählung «Die mutige Königin Esther» (vgl. Zitat oben):

> «Immer noch spielt das Feiern von Festen eine wichtige Rolle. Für viele Menschen kann dies sehr sinnvoll und wichtig sein. Feste zu feiern stiftet Gemeinschaft und fördert Gespräche. In Festen selbst kann man aber auch ausgegrenzt werden. […] Was in dieser Geschichte sehr schön verdeutlicht wird, ist, dass das Mass bezüglich der Anzahl Feste verloren gegangen ist. […] Die Frage nach dem Feste-Feiern kann sehr viel Diskussionsstoff geben, da alle Lernenden aus einem anderen familiären Umfeld kommen. Hier müsste die Frage nach dem Mass aufgenommen und auf die verschiedenen Lebensweisen hin diskutiert werden.»

Und in der Auslegung der Erzählung vom barmherzigen Samariter heisst es gegen Schluss (vgl. Zitat oben):

> «Durch die Erzählung wird Sympathie mit dem Samariter geweckt, was eigentlich gut ist, denn so wird die Frage ‹Wer ist mein Nächster?› auf eine interessante Art und Weise thematisiert. Schwierigkeiten sehen wir darin, dass durch diese Sympathie – bzw. der Antipathie gegenüber dem Tempeldiener und dem Priester – das Verhalten mit ‹gut› und ‹schlecht› bewertet wird. Beim Helfen gibt es gut und schlecht so nicht, denn die Verpflichtung zum Helfen gilt nur soweit, als sie für die Helfenden zumutbar ist.»

2.4.2 Vorgehen, Methode

Eine Gruppe von sechs Arbeiten beschreiben die ersten Assoziationen, Überlegungen und Interessen der Studierenden, denen sie im weiteren Verlauf der Erzählinterpretation nachgehen. Das Vorgehen bleibt weitgehend assoziativ; Bezüge zu Fachliteratur werden gemacht, um die Annahmen zu bekräftigen. Die Unterrichtsentwürfe folgen den assoziativen Erstannahmen.

Eine Gruppe von drei Arbeiten beginnt mit einem zwar persönlich motivierten, in der Folge aber sachlich begründeten Erkenntnisinteresse, einer Frage oder einem Thema, die sie weiter verfolgen und zu einer (vorläufigen) Beantwortung führen. Eine Arbeit benennt sogar zwei Erkenntnisziele, nämlich ein auf die Erzählung bezogenes Interesse am Thema «Sterben und Leiden im Buddhismus» und dann die interreligiöse Auseinandersetzung im Blick auf Umsetzungsmöglichkeiten im Unterricht (Senfkorn 1).

Zwei Arbeiten gehen explizit theoriengeleitet vor, indem sie zuerst das didaktische Konzept des Lehrmittels erläutern und dieses dann auf einen thematischen Eindruck zur Erzählung beziehen. So gibt die Exoduserzählung den Autorinnen Anlass, über die Geschichte der Judenverfolgung nachzudenken, und die Buddhalegende regt zur Frage nach deren historischer Authentizität an. Beide Arbeiten untersuchen diese Themen und verknüpfen ihre Beantwortung mit Ideen für die Unterrichtsumsetzung.

Durchwegs ist der Umgang mit den Geschichten unbeschwert und unvoreingenommen, in der spontanen Annäherung oft alltagssprachlich und auch etwas naiv: «Gott gibt Mose Tipps» (Exodus); «Nach diesem Gespräch fühlt sich Maria wieder gut und macht sich auf den Weg in die Stadt» (Jesus lebt).

2.4.3 Inhaltlich-thematische Interessen

Die Auslegungen sind vorwiegend an den Metaphern und Bildern der untersuchten Erzählung sowie an deren Aussagen interessiert. Natürlich befolgen sie so auch den Interpretationsauftrag. Dabei werden vielfach die in der ersten Lektüre beobachteten Motive weiter untersucht und allenfalls ergänzt. König Xerxes in der Esthergeschichte ist das Symbol von Macht und deren Missbrauch, das dunkle leere Grab in der Ostererzählung wird zum Bild von Trauer und Hoffnungslosigkeit – das Gespräch des Engels mit Maria ist dagegen Sinnbild für Hoffnung, das Senfkorn als Alltagsgegenstand bildet einerseits die Analogie zur Allgegenwart des Todes, dient aber andererseits als Bild für Wachstum und Reife. Die Erzählmotive symbolisieren Trost und Hoffnung, gut und böse, Vertrauen und Glauben, Tod und Leiden, Vergänglichkeit und Neuwerdung, Macht und Reichtum, Recht und Unrecht. Gemäss den Deutungen der Studierenden wollen die Motive und Bilder Lebenswahrheiten vermitteln, um eigene Herausforderungen wahrzunehmen und zu bewältigen. Die Geschichten erhalten so die Funktion von symbolischen gestalteten Lehrerzählungen.

Zwei Erzählinterpretationen legen den Schwerpunkt der Erkundungen auf die religionskundlichen Hintergründe. So vergleicht ein Student die Buddha-Legende mit den historisch feststellbaren Erkenntnissen zur Entstehung des Buddhismus. Zwei Studentinnen gehen der Ganeshaerzählung und den Hintergründen ihrer Motive nach. Da beide Interpretationen sich explizit auf das didaktische Konzept des Lehrmittels *HimmelsZeichen* beziehen, verbinden sie die religionskundlichen Aspekte mit der Erzählung und mit Kompetenzen der Perspektive ERG. Einer weiteren Interpretation gelingt es, religionsgeschichtliche Erkundungen zum Buddhismus durchgehend mit der Erhellung des Senfkornmotivs zu verbinden und zu einem Vergleich mit dem neutestamentlichen Bildwort vom Senfkorn zu führen (Senfkorn 1).

Die Erzählungen werden jedoch mehrheitlich nicht als Geschichten mit religiösem Vorbildcharakter oder zur Glaubensvermittlung gesehen. Religion wird vielmehr mit Numinosem und Magie in Verbindung gebracht:

> «In der Geschichte handeln verschiedenste Menschen. Keine der Personen hat von uns aus gesehen übermenschliche Kräfte. Der Name Gottes wird in dieser Geschichte nicht einmal erwähnt oder angedeutet. So macht es den Anschein, als ob sich alle Geschehnisse ohne jegliches göttliches Zutun ereignet hätten.» (Esther)

> «Wir waren überrascht, dass keine übernatürlichen Dinge geschehen. Die Geschichte ist realistisch dargestellt, denn Buddha kann das Kind nicht wieder lebendig machen, obwohl er ein Heiliger ist.» (Senfkorn 2)

Die Auslegung der Erzählung vom Regenbogen/der Arche Noah bleibt auf der Ebene innerbiblischer Bezüge. Die eine Interpretation der jüdischen Erzählung «Der Besuch des Fremden» (1), welche die talmudische Weisheitsregel «Leben retten heisst die Welt aufrichten»[41] im Koran wiederfindet (vgl. S. 95), verweist später auf dessen Anweisung zur Gastfreundschaft gegenüber Fremden. Einzig in diesen beiden Auslegungen wird so eine Auffassung von religiösen Schriften (Bibel und Koran) als heilige Wahrheit sichtbar.

Die Mehrheit der Arbeiten geht von den Wahrnehmungen der ersten eigenen Lektüre zur Recherche von religions- und kulturgeschichtlichen Hintergründen über, welche die wahrgenommenen Motive erläutern. Die eigentliche Religionskunde bleibt gegenüber dem symbolischen Gehalt und lebensweltlichen Bezug eher zurück. Ebenfalls fallen der Mangel an kritischer Bearbeitung des historischen, soziokulturell-religiösen und geografischen Kontextes der jeweiligen Erzählung auf sowie die Unsicherheiten in Bezug auf ihre mögliche Entstehungszeit, geschweige denn ihre wirkungsgeschichtlichen Ausformungen. Mehrheitlich gehen die Studierenden davon aus, dass die Geschichten die Zeit abbilden, von der sie erzählen:

41 Gattiker u. a., FrageZeichen (Anm. 6), HLL 63. Vgl. Babylonischer Talmud, Sanhedrin IV, 3:4–5.

> «Kisa Gotami, die verzweifelte Mutter, trifft in der Erzählung direkt auf den Buddha. Die beschriebenen Handlungen müssen somit zu Lebzeiten Buddhas stattgefunden haben.» (Senfkorn 1)

Die beiden Autorinnen, die sich mit der Exoduserzählung auseinandersetzen, führen kritische Punkte an, zum Beispiel das Bild eines parteiischen Gottes, gehen ihren Fragen aber nicht weiter nach:

> «Ein weiterer Diskussionspunkt ist die Ermordung aller israelitischen Jungen, die durch Soldaten im Auftrag des Pharaos geschah. Gab es zu jener Zeit keine Justiz, die den Pharao für seine Taten an den Pranger stellte? Gab es damals keine Menschenrechte? Und wo war die Polizei, um die Morde zu verhindern?» (Exodus)

Formale Fragen zur Erzählgestalt werden ausführlich nur in der Interpretation der Gleichnisgeschichte vom barmherzigen Samariter thematisiert. Und die Arbeit zur Buddhageschichte stellt sich die Aufgabe zu klären: «Was ist authentisch, was ist Dichtung an der Darstellung von Buddhas Lebensgeschichte?» (Buddha) Der Student formuliert auch die Schwierigkeit, die Geschichte für die unterrichtliche Umsetzung in ihrem historischen Kontext und nicht nur in Bezug auf ihre Aussagen verstehen zu wollen.

Mit Ausnahme der genannten Arbeiten ist jedoch ein Mangel an kritischer Distanzierung feststellbar. Fremdheit und Ferne der alten Geschichten werden wenig bearbeitet, kritische Punkte kaum ausgeführt.

4.2.4 Unterrichtstransfer

Die entdeckten Themen sind leitend für die weitere Interpretation und bestimmen schliesslich die Ideen für eine Umsetzung in den Unterricht. Die Studierenden der Arbeiten mit assoziativem Vorgehen schliessen aus dem eigenen Vorgehen über lebensweltliche Bezüge auf entsprechende Erfahrungen und Erlebnisse der Kinder, die sie für den Unterricht vor Augen haben. Hier schliesst sich gewissermassen der hermeneutische Zirkel: Die Studierenden bearbeiten die Erzählungen, um sie sich anzueignen und für ihre künftige Berufstätigkeit sinnvoll zu erschliessen. Die Geschichte dient als Bildungs- und Unterrichtsmittel für die Auseinandersetzung mit Werten und Normen, mit Sinnfragen, sinngebenden Inhalten und grundlegenden Erfahrungen. Damit sehen einige Studierende im Zugang über diese allgemeinmenschlichen Themen – die sie als lebensweltlich gegebene Vorstellungen ansehen – eine produktive Möglichkeit, auch in weltanschaulich heterogenen Klassen mit Stoffen aus bestimmten religiösen Traditionen zu arbeiten. Die Erzählungen werden als Modelle für Erfahrungen und Verhaltensweisen wahrgenommen, an denen interreligiöses, interkulturelles, philosophisches Lernen stattfinden kann.

> «Die vorliegende Erzählung stammt aus dem Hinduismus und spricht somit spezifisch eine Religion an. Trotzdem können Bezüge zur Lebenswelt der Schülerinnen und Schüler

hergestellt werden. […] Die Spannbreite der zu behandelnden Aspekte ist gross und kann problemlos übertragen werden. Wichtig ist, dass die Lehrperson an die Lebenswelt der Lernenden anknüpft.» (Ganesha)

«Die Themen Gier, Macht und Rassismus betreffen alle. Die Erzählung ist aus diesem Grund nicht nur für Juden und Christen lehrreich, sondern für alle Menschen.» (Esther)

«Um allen Kindern in der Klasse sowie den verschiedenen Religionen und Kulturen gerecht zu werden, wird die Erzählung anhand des Themas der Hoffnung betrachtet.» (Jesus lebt)

Die selbst erfahrene Auseinandersetzung, Spontaneität und Offenheit, mit der sie auf die Erzählungen zugehen, bildet gerade bei assoziativ vorgehenden Studierenden ein wichtiges Modell für den künftigen Unterricht:

«Die Auseinandersetzung mit unseren spontanen Eindrücken und das Festhalten der weiteren Erkundungen waren für die weitere Verarbeitung der Erzählung sehr hilfreich, weil wir damit schon ein Grundwissen festhalten konnten. Dass wir selbst in diese Geschichte eintauchen durften, war sehr angenehm, da wir uns wie Forscher gefühlt haben. Wir konnten für uns interessante und offene Fragen stellen und diese in einem weiteren Schritt beantworten. Dies brachte uns auf die Idee, dass die Kinder für die Unterrichtssequenz eine solche Rolle einnehmen könnten. Dies würde bewirken, dass man gemeinsam nach Lösungen sucht und die Geschichte wie ein Puzzle entdeckt, indem man immer mehr Klarheit schafft.» (Arche Noah)

«Es ist mir als angehender Lehrperson von grosser Bedeutung, dass die Schülerinnen und Schüler im Unterricht nicht zum Objekt der Belehrung gemacht werden, sondern Subjekte des Lernprozesses sind.» (Der Besuch des Fremden 2)

Lebensweltliche Anknüpfungen und Anwendungsmöglichkeiten auf heutige Situationen und Erfahrungen, die Ermöglichung einer Vielfalt an Deutungen und Vergleichen, Zugängen und Unterrichtsmitteln, handlungsorientierte Aneignungen wie Spiele, Theater und Begegnungen, sind allen Studierenden wichtig. Damit soll die kritische Auseinandersetzung mit herausfordernden und fremden Inhalten angegangen werden.

«Es könnte aber trotzdem schwierig werden, die Geschichte mit Kindern zu bearbeiten. Das Lehrmittel legt den Fokus auf den Prozess der Reflexion, der Kommunikation und der gegenseitigen Verständigung. Die Werteentwicklung wird dabei unterstützt und die Urteilsfähigkeit gefördert.» (Der Besuch des Fremden 2)

Implizit und explizit beziehen sich alle Autorinnen und Autoren auf das vorher im Studium erarbeitete Lern- und Lehrverständnis des Fachs NMG. An ihren Zugängen und eigenen Unterrichtsideen wird deutlich, dass sie dieses in den Grundzügen verstanden haben, als sinnvoll und bedeutsam erachten und anwenden wollen:

«Im Grundlagenband Natur-Mensch-Mitwelt, der als Basis zum Lehrmittel *FrageZeichen* dient, wird davon ausgegangen, dass ‹jeder Mensch im Laufe seiner Entwicklung und aufgrund seiner Erfahrungen seine eigene Welt konstruiert›. Dadurch wird ‹Lernen sowohl als individueller wie auch als dialogischer Prozess und als aktive Auseinandersetzung mit der Mitwelt beschrieben›. Durch das Lehrmittel *FrageZeichen* lernen die Schülerinnen und Schüler ‹unterschiedliche religiöse Phänomene› kennen, welche sie selbst in ihrer Umwelt wahrnehmen. Zudem werden ‹religiöse Überlieferungen als Deutungs- und Antwortangebot auf religiöse und existentielle Erfahrungen und Fragen verstanden.›»[42] (Exodus)

3. Ergebnisse

Mit den Erzählauslegungen machen die Studierenden erste eigene Schritte auf die oben genannten Kompetenzen des interreligiösen Lernens sowie auf die Anforderungen des künftigen Berufs zu. Sie lernen anhand der Bearbeitung der Erzählungen, ihre eigenen lebensweltlich geprägten Konzepte bezüglich Werten und Normen, Bildsprachen, Sinn- und Lebensfragen zu differenzieren und sie mit Traditionen aus den Religionen in Beziehung zu setzen. Hier leisten die Studierenden einiges an sachlich-fachlichem und persönlichem Kompetenzerwerb.[43] Das Deuten hilft beim Selbstverstehen, der Weg des Auslegens wird auch als Prozess auf dem eigenen Weg hin zum beruflichen Selbstverständnis gesehen. Der Nutzen der Interpretation für den künftigen beruflichen Gebrauchskontext ist dabei ein wichtiger motivationaler Antrieb. Der Wille, sich die Erzählungen anzueignen, ist wesentlich stärker vorhanden als das Ziel, sich mit ihrer Fremdheit kritisch befassen zu wollen. Die für die didaktische Konzeption des (inter-)religiösen Lernens wesentliche Differenzkompetenz wird im eigenen Erleben des Textes und weniger in der Auseinandersetzung mit seiner Fremdheit gesucht.[44]

Porzelts Modell der anthropologisch-korrelativen Begründung ist hier zur Einordnung der Ergebnisse durchaus dienlich.[45] Die Studierenden nehmen die Erzählungen aus den Weltreligionen durchaus als «korrelative Gesprächspartner zur anthropologischen Selbstvergewisserung», als Unterstützung bei der eigenen und künftigen beruflichen Auseinandersetzung mit Lebens- und Sinnfragen, mit Werten und Normen wahr. Der Bezug zur religiösen Gestalt der Erzählungen oder mehr

42 Müller/Adamina, Lernwelten (Anm. 9), TS 1; Gattiker u. a., FrageZeichen (Anm. 6), HLL 12.14.

43 Schmid, «Religion» lernen (Anm. 4), 15ff.

44 Es liesse sich damit Korsch bestätigen: «Religion ist, kurz gesagt, Differenzkompetenz des eigenen Lebens» (Dietrich Korsch, Religion – Identität – Differenz. Ein Beitrag zur Bildungskompetenz des Religionsunterrichts, Evang. Theol. 63/4, 2003, 271–279, 276) – sofern wir jedoch mit seinem Religionsbegriff übereinstimmen, der in dieser Kompetenz das Religiöse überhaupt einschliesst.

45 Porzelts Annahmen einer Distanziertheit Jugendlicher zum eigentlichen Gegenstand der biblischen – überhaupt religiöser – Texte bestätigen sich hier, vgl. Porzelt, Grundlinien (Anm. 27), 25f.

noch ihr Transzendenzbezug, in den biblischen Texten wäre dies der Gottesbezug, liegt den Studierenden jedoch ferner.[46] Eine besondere Behandlung einer religiösen Erzähltradition, z. B. der Bibel oder die Wahrnehmung der Erzählungen als heilige und zu glaubende Texte ist überwiegend nicht festzustellen. Die betonten lebensweltlichen Bezüge und ihre durch die Bearbeitung hergestellte Bestätigung lassen insbesondere auf den dritten von Porzelt genannten Aspekt, die existenzielle Selbstvergewisserung schliessen, die in den Erzählinterpretationen geradezu als Bedürfnis der Studierenden hervortritt. Hingegen wären die kulturgeschichtliche und ideologiekritische Selbstvergewisserung zu vertiefen, um den Kompetenzerwartungen der Veranstaltung nachzukommen. Der vierte von Porzelt genannte Aspekt, nämlich die biografisch-reflexive Verarbeitung der Erzählstoffe als religiöse Selbstvergewisserung, kann allerdings nicht bestätigt werden. Hier fehlen nicht zuletzt die empirischen Daten, zum Beispiel aus Interviews mit den Studierenden, und es fehlt die dazu notwendige, bestimmende Religionsdefinition als leitendes Konzept (s. oben). Im Gegenteil, wenn mit Selbstvergewisserung auf die eigene religiöse Bewusstheit geschlossen werden soll, dann ist im Kontext des bekenntnisunabhängigen Unterrichts fraglich, ob mit ihr als zentraler Zielkategorie des Religionsunterrichts ausreichend das beschrieben wird, was ERG als Perspektive des NMG-/Sachunterrichts leisten soll. Selbstvergewisserung bleibt nach dem Konzept von Porzelt individuell-lebensweltlich und subjektorientiert gebunden, Lernprozesse gemäss sachunterrichtsdidaktischem Profil wollen hingegen darüber hinausgehen:

> «Bildungswirksam wird der Sachunterricht durch die gestaltende Erschliessung der Welt, in der das Kind den Widerstand der ‹Gegenstände› erfährt, die es nicht allein nach seinen aktuellen oder subjektiven Interessen bestimmt, sondern die in gewissem Masse auch Universalität repräsentieren, das heisst die in einer Kultur dominierenden oder sogar einen Kulturkreis überschreitenden Objektivationen des menschlichen Geistes.»[47]

Die Analyse der Erzählinterpretationen zeigt vor allem aber die Freude junger Menschen am Lernen an und mit überlieferten Erzählstoffen, ihre Bereitschaft, sich auf Altes, das überwiegend unbekannt und gerade deshalb neu erscheint, einzulassen, und sie verweist auf die produktive Wirkung, welche die Lernprozesse bei ihnen erzeugen. Daran ist anzuknüpfen: hier sind Erweiterungen und Entwicklungen möglich. Vermehrt müssten deshalb Lehrmittel und Arbeitshilfen gut aufbereitete, herausfordernde Materialien zu Mythen, Sagen, Legenden und Märchen, philosophischen Beispielerzählungen und ethischen Dilemmageschichten aus Kulturen und Religionen anbieten, um an und mit ihnen situierte Zugänge zur verantworteten Weltbegegnung und Welterschliessung zu ermöglichen.

46 Vgl. Porzelt, Grundlinien (Anm. 27), 27.

47 Köhnlein, Aufgaben (Anm. 16), 17; vgl. Kahlert, Lebenswelten (Anm. 7), 25.

Verzeichnis der Autorinnen und Autoren

Silvia Arzt, Dr. theol., Jahrgang 1966, ist Assistenzprofessorin für Religionspädagogik an der Katholisch-Theologischen Fakultät der Universität Salzburg. Ihre Arbeitsschwerpunkte sind Fachdidaktik, Bibeldidaktik, Interreligiöses Lernen, Genderfragen und Religionspädagogik, Feministische Theologie.

Sophia Bietenhard, Dr. theol., Jahrgang 1960, ist Dozentin an der Pädagogischen Hochschule Bern. Sie ist an Lehre und Entwicklung des Fachs Natur, Mensch, Gesellschaft beteiligt und betreut dort die Fachstudien und Fachdidaktik der Perspektive Ethik, Religionen, Gemeinschaft. Sie engagiert sich schweizweit an der Fachentwicklung und in der Aus- und Weiterbildung von Lehrpersonen.

Andreas Kessler, Dr. theol., Jahrgang 1967, ist Dozent für Religionspädagogik an der Universität Bern. Arbeitsschwerpunkte sind Didaktik der Weltreligionen, interreligiöses/-weltanschauliches Lernen, ethisches Lernen und Religionsunterricht an der öffentlichen Schule.

Pia Moser, lic. theol., Jahrgang 1955, ist Leiterin des Bereichs Katechetik der Reformierten Kirchen Bern-Jura-Solothurn und der Fachstelle Katechetische Ausbildung. Aktuelle Schwerpunkte ihrer Arbeit sind Bildungsmanagement, religionspädagogische Aus- und Weiterbildung von katechetisch Tätigen und konzeptionelle Weiterentwicklung der Ausbildung.

Isabelle Noth, Dr. theol. habil., Jahrgang 1967, ist Professorin für Seelsorge, Religionspsychologie und Religionspädagogik am Institut für Praktische Theologie der Universität Bern und Präsidentin der Programmleitung der Aus- und Weiterbildung in Seelsorge (AWS), Schweiz.

Thomas Schlag, Dr. theol., Jahrgang 1965, ist Professor für Praktische Theologie mit den Schwerpunkten Religionspädagogik und Kirchentheorie und Leiter des Zentrums für Kirchenentwicklung (ZKE) an der Universität Zürich.

Kurt Schori, Dr. theol., Jahrgang 1954, ist Professor an der Pädagogischen Hochschule Bern. Hauptsächliche Schwerpunkte sind Religionspädagogische Begründungszusammenhänge, qualitative empirische Ritual- und Religionsunterrichtsforschung sowie die Entwicklung von Unterrichtskonzepten, Lehrplänen und -mitteln.

Thomas Staubli, lic. sc. rel., Dr. theol., Jahrgang 1962, lehrt und forscht seit 1997 im Bereich Altes Testament an der Universität Freiburg (Schweiz). Er leitete die Bibelpastorale Arbeitsstelle des Bistums St. Gallen von 1989-1995 und ist Mitbegründer des BIBEL+ORIENT Museums an der Universität Freiburg, das er bis 2012 leitete.

Nadja Troi-Boeck, Dr. theol., Jahrgang 1980, ist Pfarrerin in Buchs ZH und arbeitet an einer Habilitation zur Bibelrezeption Jugendlicher. Forschungsschwerpunkte sind empirische Religionsforschung, Konstruktion sozialer Identitäten im Matthäusevangelium und Genderfragen.